Farid Bouchiki

TRAITS D'UNION

Poèmes douloureux

La Méridiana

© 2024 Farid Bouchiki
Illustration de la couverture : œuvre de l'auteur.

Conception et réalisation :
Votre Plume 83,
Pascal Delugeau, Écrivain-Conseil® à Draguignan.

Édition : BoD · Books on Demand GmbH, In de Tarpen 42, 22848 Norderstedt (Allemagne)
Impression : Libri Plureos GmbH, Friedensallee 273, 22763 Hamburg (Allemagne)
ISBN : 978-2-3225-5777-6
Dépôt légal : octobre 2024

Le Code de la propriété intellectuelle interdit les copies ou les reproductions destinées à une utilisation collective. Toute représentation ou reproduction intégrale ou partielle faite par quelque procédé que ce soit, sans le consentement de l'auteur ou de ses ayants cause, est illicite et constitue une contrefaçon, aux termes des articles L.335-2 et suivants du Code de la propriété intellectuelle.

Elle

Elle de mes souvenirs pleureurs
dans ces tourbillons injurieux
temps de larmes coulant en ces rêves troublants
lorsqu'elle me semble désirable
moi l'émoi
arme branlante de peine devant sa beauté
douceur de mes songes
le son des drames en ces lendemains d'elle.

Aux soirs de ses rendez-vous
exils sur mes mots
âmes-mélancolies
tous des fantasmes tranquilles lorsqu'elle charmante
se fait d'espoir mal appris face à mes silences
douleurs à laisse
tristesse d'en frémir
son regard maquillé d'en pleurer mes plaisirs.

Tous d'un chien blessé devant son charme
soir durant mes songes épuisables
qu'elle danse dense de ma piste
sombre délire
tare d'évasion lointaine de mes chagrins à flots
délire si intense, mélancolie houleuse
en ces chahuts lumineux par ses sanglots
brillances, sa très courte robe nuisette sexy
de ses talons aiguilles bleu ciel
électrisant tous mes yeux,
pleurages d'enfant.

Des mains baladeuses sur ses fesses nues
de ces injures barbaresques en fête
près de sa si longue chevelure
noir lissage des violeurs incessants
délires lassants
contre une partie de son visage à fond de teint brillant
à pulsions si extasiées en ses lèvres imbibées d'un rouge scintillant
fard à joues étincelant rose brute de ses cils à rimmels désirables
lueurs de ses yeux noirs.

D'espoirs de ses bras me prenant à l'aube des amours injurieux
nuits d'hôtel de passe
luxe des disputes charnelles de sa beauté froissée
de va-et-vient sur les berges
de vieux silence dans une chambre de ses Mans
face à mes pleurs d'amours d'enfant
d'elle à jamais
mon tendre amour secret
à l'aimer encore malgré son absence.

À LARMES

À larmes
Qui d'un mensonge enchanté
s'en veut aux promesses nuptiales des espérances tardives
lorsque tous d'amours d'émois n'est sans écrit
sur les envies-passoires dans de minables chagrins
chiens à ces folies passagères
sentiments de rien aimer en passion fidèle
l'image-souvenance d'une tendresse distante.

Qu'à larmes
écritures enamourées oubliées
vers de ravisseuses outrageuses
longue mélancolie de comptoir
imparfaite promesse
abandonné sur la nuit
pleure d'une rage intense

Rêveuse inconnue si elle
à d'infimes moments outrages pour trop de sages
des sentiments louables qu'il ne faut dire.

Par chahut déçu
quand la belle déconvenue sans venue
use ces mots amoureux fragiles
dans son tendre âge exile
au prix d'alarme à larmes féminisantes et sensuelles
aux connaissances des tristesses d'un lit-abandon
vers le délébile charme
impossible d'en mentir le long d'offense merveilleuse
de rêverie possible

envers tous les baisers sur l'encore brûlant
envers brillante manipulatrice maîtresse.

Hasardés les temps joyeux en dépotoirs-vacarmes
qu'à larmes soumises ne sont que violence incessante
toujours permise excusable par existence
sans ombre chanceuse d'amour connue
parmi les faux espoirs extasiés
remis d'instants jamais en la longue injure des insultes blessantes
que belles jouissantes tendresses
sera toujours tristesse tant les silences des adresses malheureuses.

À PRIX LA VIE

À prix la vie, l'amour-corps mord depuis longtemps
Face à d'autres plaisirs aux rêves extasiant, trop vieillissant
Qu'une simple mort fuirait ces délires ivres
Le temps ment
Des beautés imagées par nuits âgées
Imparfaits enfants plaignants
Îles d'espoirs femmes nues inconnues dans ces soirs à crans
Incultes insultes pour tendres délits
Chahuts de faux amants d'autant
Mots sages voyages mensongers
entre lits entendus et rues sans temps.

À prix la vie, l'amour appris d'une souffrance cruelle
infirme et mélancolique
Pour cœur larme toujours des sentiments
Amours enfers les belles cyniques
Tendresses-maîtresses, chagrins qu'écritures-pleurs
s'en foutent leurs héroïques
Amants bruyants du toujours pire encore
orageux outrageux ces tempos, mimiques
Dans de beaux rêves charmants
Autant des auteurs-acteurs-menteurs si impurs
Magnifiques
Qu'exilent d'indomptables lendemains
et s'en furent aux outrages oublis
D'alcooliques en pics
Haines trames peines sauvages
page après page des je t'aime féériques
Symphoniques.

À prix la vie meneuse-menteuse-loueuse de souffrance largage
Tant d'ivres envies d'ailleurs
Trop d'indifférences sur les éternelles blessures brûlures
Aux pauvres bonheurs douleurs
Promis à d'infidèles rimes injurieuses sous l'effort âgé ragés
Nuits par nuits nuis
En sourds compteurs
Jeunesses dédiées à vieillesses déliées envers l'amour
Souffrants fous d'user de ces voyageurs-bonheurs
Toutes chiennes d'existences à larmes
alarment d'amoureuses drames parmi
Les tempêtes injures des heurs
Vacarmes passionnels
infidèles décibels
catins de trop grandes détresses
Tristesses sans joies lueurs.

Absence de ton amour

Absence de ton amour où jaillissent les peines inconsolables
sur ces tempos de silences
envies de toi aux jours des retours
très vite pour t'aimer
te retenir dans ces allures mélancoliques et infinies
qu'une vie longue impose par obligation, sans raison.

Larmes toujours sans répit
à tous les jours passés loin de toi
que l'envie d'en mourir s'en fait sentir
dans cette vie vide de toi
souvenir de pleurs incessants
face d'un passé où tu semblais belle
promise des amours secrets
osant l'injure des nuits ravissantes sur mes rêves de joies
si lendemains pressants à te revoir.

Charmeuse aux désespérances amoureuses en mes regards
hurlant envers un peu de ta tendresse sur mes détresses ivres
tristesses à vouloir t'aimer quand tu es trop voilage
distance parmi mes émois si grands
des écrits à te retenir sur ces manques absolus
souffrance dans nos cœurs fatigués de t'attendre.

Lors des longs espoirs à te garder dans les sorts
en départ entendu qui fait trop mal
à t'avouer que je t'aime plus fort que jamais
même si je ne dois pas le dire
pourtant j'ai envie de le crier sans peur d'être condamné
par les procureurs de l'amour-menteur

à t'aimer comme un fou
quitte d'une peine mienne pour enfin m'endormir
et rejoindre l'éternité et oublier que tu es mon absence
de mes amours en pleurs de toi
et je ne peux supporter de continuer à vivre ma vie.

Car tristesse toujours cause de toi m'étouffe
besoin d'un ailleurs meilleur
bonheur où j'espère trouver une déesse qui te ressemble
afin que je puisse l'aimer dans un accord absolu
elle me fera oublier que je t'aime
je t'aimais et t'aimerai pour les pleurs de ton absence.

ADIEUX BELLES ANNÉES

Adieux belles années d'amours bonheurs
qui sentaient bon les parfums des encore possibles
sur les murmures en fuite
vers ces rivages d'un simple plaisir
aujourd'hui en blessure
sous les vies passées d'une injure-tristesse
quand j'ai faim d'avoir épuisé
trop d'envie pour rien.

Lors des futurs en vitesse
qui aux adieux des belles années
merveilleuses, fabuleuses
ne sont plus par ces jours furieux
d'une douce symphonie amoureuse
planquée au fond du cœur
pour calmer les pleurs incessants
de ces souvenirs heureux et perdus.

Versant dans cette longue tristesse
l'adieu aux belles années
souvenances de ces murmures
chaleurs qui réchauffaient la mélancolie
des âmes en détresse amoureuse
sur les airs passants, féminins voyeuses
d'une beauté intérieure en ces temps durant.

Pour des mots, pour des amours
l'instant du regard épuisé d'avoir usé
tant de patience aux sensuels désirs
d'une femme-ignorance

d'en aimer la beauté venant du cœur
s'enfuit autrement dans l'oubli incessant
de sa sensualité désirable
vers les adieux sans tristesse
sur le quai de ces belles années
perdues à jamais
par faute du temps présent
aujourd'hui ignorant à l'amour de l'âme
beau intérieurement.

ADIEUX D'AMOURS

Adieux d'amours-pleureurs
vers ces jours qui ne s'en font guère
aux larmes des mots en morceaux
sur les passés d'un temps-mélancolie.

De ton amour sur l'encore furieux y résonne souvent.

Comme la trace d'un souvenir
envers les soupirs incessants
pour une évidence des adieux amoureux
que je garde en blessure
toute une vie stupide
aux fins d'espoirs sans faim
face à face avec l'absence d'actes retenus
quand ne s'illumine plus la jouissance
sensuelle charmeuse
ton amour dans cette solitude indifférente
longeant l'indifférence-peine
des soirs orageux.

Ou des pires indifférences
jouissantes parfois je ressens
l'outrage de ne pas avoir su te retenir
mon amour
dans un voyage pour mes rages volées
quelques fois
dans ces chagrins pour rien
que je produis tout d'un temps aux silences
fantasmes interdits loin de toi.

Encore ma belle excuse amoureuse
dans l'ombre d'un bel amant
qui me fait mentir à l'égard fuyant
des soirs où seul dans mon lit
je te pense je te rêve
insolence de toi toujours
même si les adieux d'amours
de nos sentiments inconnus n'ont pas trouvé
de raison de s'aimer en cette maudite vie
médisante et tellement injurieuse.

Allumeuses

Allumeuses d'amours innocents
par bonheur exilant sur une cadence infernale
des passions ivres, tranquilles envolées
vers de paisibles rivages
de vos soupirs incessants en rêveries sensuelles
pour vos simples amants aveuglants
qui osent encore près des poubelles de l'entrée
souvenance amoureuse, hurlante d'aventure
plaisance le temps d'un amour inconnu
aux lits furieux d'hasards ombrant.

Qu'aux belles nuits délicieuses
allumeuses, tendresses ternies
vouées d'insultes jouissantes
enfers extasiés
brûlantes de passion entraînante
des symphonies huèrent, fortes de raisons d'en vouloir toujours
à votre image d'un temps fou
d'un silence traître, sensation meilleure,
délire enivrant d'espoirs et de fantasmes.

Pléonasme, beautés alarmantes
sous des promesses-maquillages soyez en toutes infidèles
allumeuses
belles traîtresses-maîtresses convenues
outrages orageux sous d'insolvables plaisirs charmants
volants acteurs de vos tentations
meneuses-menteuses quand vous êtes si putain
permise à verre d'insulte dans l'injure douloureuse
d'acceptante détresse, pleureuse ne valant rien de vie joyeuse.

Sans le moindre intérêt pour des je t'aime
gravés sous la tendre mélodie
souvenance allumeuses d'irraisonnables d'espoirs amoureux
émis en grande explosion heureuse
envers vos fantasmagoriques sensualités
reventes d'amours sages par trop d'âges
brisants d'une faute connue
lorsque vous semblez toujours peinées
à l'accent sage des innocents pleurages de vos amours indolents
sous des écrits des insolences machiavéliques
dues à votre infâme beauté.

Années-bonheurs

Années-bonheurs
où tout était facile
par l'expression sentimentale d'amours chanceux,
d'amours heureux aux silences fiévreux d'espérances
qui aujourd'hui sont si loin
à leur place, d'étranges pseudo-beautés
entre les bras de femmes-fiançailles
dépourvues d'airs charmeurs
tempos désirables pour quelques ivresses
sans adresse dans l'infini d'un bonheur gâché.

Pour un amour sans avenir
du présent foutu
parfois le cœur se sent si triste dans ces habitudes chagrines
des années-bonheur envolées à jamais vers les passés
d'une rêverie fugace
quand tant de nos meilleurs souvenirs refont surface
au milieu du silence pensif, flamboyant,
teintant les bonheurs de couleurs magnifiques, magiques
vers les immenses halles du présent en fuite.

Longtemps trop longtemps des batailles
sans vainqueurs sans vaincus qu'une vie-insulte oublie
de ces années-bonheurs
d'amours possibles aux voix des mensonges scandales
semblent un énorme rapace vorace dans cette vie absurde
dans cette existence courant après le temps finalement sans argent
car la fin certaine est en nous
alors que le diable fête d'un instant
que brillent encore et toujours les années-bonheurs.

Dans ces expressions tranquilles,
des soirs futiles jusqu'aux lendemains
venus le temps d'une misérable destinée
mal apprise envers les murmures
rendus d'insouciances inconnues
par tant d'années-bonheurs
en brumes dans les malheurs le long du présent
filant à toute vitesse dans ces ombreux futurs
sans la moindre chance d'un peu de meilleur
vers le long fil de haine hargneuse
qui forme une très longue chaîne de peine.

Meneuse d'oubli
que parfois le parfum délicieux
de ces années-bonheurs était vraiment réalité
avant bien avant que la détresse
avec son cortège d'insoutenable tristesse minable
envahisse les sentiments rêveurs, voyageurs,
heureux malgré ce temps-malheur
qui se mêle aux années-bonheur
perdues.

ATTENTION DANGER

Attention danger en la vie des peurs lues
qui traversent la tranquillité de sentir bien ces aires reposantes
qu'on passe aux bonheurs fragiles
auprès de l'être aimé
qui part sans vous vers de violentes injures
des insultes meurtries et innocentes.

Expressions d'une peur furieuse
sur le chemin du temps assassin
où malheureusement volant l'amour violé
près de nos aimantes
belles sans défenses dans les jours lointains
sans retour attendu par l'impuissance entendue
d'en maudire
de perdre à jamais nos belles aimantes jouissantes
pour un violeur truandé
qui en pulsions malades nous accuse scandaleusement.

Alors l'envie imprudente d'une haine vengeresse
justice en notre colère contre ces vauriens
se délie pour calmer notre si grande tristesse
de nos belles aimantes absentes
souvenances présentes
leurs désirs sucrés envolés,
leurs plaisirs en images des nuits-solitudes
versées dans les peines
d'habitudes enfuies
quand — attention ! — le danger est là
si tard.

Pour n'en dire et redire que la vie n'est plus sûre
Envers le mal qui est là
jour après jour
en ces routes d'aujourd'hui
chaque heure chaque instant
une belle aimante peut disparaître
vers l'affreux inconnu
alors attention, danger pour nos belles aimantes
précieuses à nos existences
poubelles de leurs regards sensuels
à leurs charmes jouissants
d'une triste connaissance où nos peurs pour elles
seront éternelles tant qu'on vivra à les aimer.

AVOUER

Avouer ces amours importantes
qui ne sont que vents et pleurages
tous de l'âge de l'insolence envolée
à l'aventure-bavardage ne vaut rien que des mélancolies jalouses
tendresses-catins
gravures d'exils aux soirs incompris
lorsqu'un doux voyage-plaisir abuse des mots ravisseurs
des promesses graciées d'un éternel délire.

Hantise versatile
passion d'une excuse
femme qui tant de larmes-brûlures avoue
dans sa détresse parfaite
son ivresse
le matin chagrin d'un nouveau combat
sans espoir gagnant, douloureux vivant.

Sans le teint d'un bonheur
avouer le prix d'un vœu chanceux
qu'aux grands entendus des cieux si hauts
attendus d'aucune réponse favorable
parmi trop de prières pour qu'enfin
la fin souhaitable, acceptable, transcrite,
misérable existence, malchanceuse compagne,
promesse-vague à l'âme
— tristesse maîtresse.

Dépravante sensualité
en attente d'une remise-souvenance
pour le sentiment d'un chien abandonné

à la longue patience tarie
de toute larme de complaisance
avouer cette douleur immense
le cruel d'un amour aux délirantes passions
bernées par l'indécence fossoyeuse
l'outrageante amoureuse fugace.

Raison pleureuse et indésirable
vers l'infâme soupir harassé d'insultes
avouer la femme injurieuse d'un amour invisible
lorsque résonne l'impossible sentiment
et que chante le bonheur des vies en filantes rêveries
heureuses passions d'amoureuses sincères.

Bel âge maîtresse

Bel âge maîtresse
différence amoureuse en la nuit des rêveries
d'outrages-soupirs à silences d'indécentes souvenances
charmeuses qui passent et repassent sans cesse
vers de tendres sourires orphelins
qui, certains matins chagrins
semblent des rages mélancoliques.

Par ce bel âge maîtresse
ces temps d'un amour-mensonge
qui en songe, en transe chahuteuse,
de vibrantes passions agitent
dans l'orgie fantasmagorique des allumeuses
telles qu'elle en semble parfois.

Mélangeante détresse-foutoir
en ce jour d'un bel âge maîtresse
raison-insolence d'un instant maladif
l'écrit amoureux est envoyé
brûlant d'un silence mensonger
à la véritable aimante insouciante
promise par défaut de plaisir
jouissant de sensualité éprouvante
sur son propre chemin de fidélité.

Aux pensives joies
étendards-oublis d'un si bel âge maîtresse
par la souveraine vie infidèle qui trace de passe
impasse et s'efface les jours passeurs de bonheur
menteurs le long d'une éternité de douce lueur

brillante extase sans fracture
insolente raison, sentimentale douleur en fuite
quand ces suites heureuses
semblent tant acquises permises le long des oublis.

De bel âge maîtresse
traîtrise amourette
catin-folie, semblable tristesse
en détresse par couples unis
dans l'immense océan d'amour infini
et indestructible.

Polio DMO

Belle dame n'est qu'audace silencieuse
parmi l'absente écuelle des tranquilles
les émois en sommeil dans la vie, dans l'envie brûlante
toute foire-vacarme et charme insoumis.

Rêve évadé qui d'une passion-chagrin en fuite
osera l'éternel sentiment-amour
le temps d'un regard l'insolvable nuit sera.

Perdit ces écritures
drame, belle dame à l'immense blessure
douloureuse vers les âges sots
lorsque vous semblez maîtresse envieuse
sous la faiblesse docile, la tendresse-exil
sans espoir de vos caresses encore.

Hasard en prix d'amant
souvenant par votre belle folie sensuelle
belle dame aux nuits solitudes peuplées d'habitudes
aux lendemains infâmes, drames pleins de larmes
lorsque joueuse-venimeuse en passion mirage
elle saura vous rendre outrage et peine
durant toute une vie.

Désordre en grande étendue
tristesse-orage d'une belle dame
toujours douloureux murmure dans l'éternelle raison
soumise d'une passion étrangère
quand votre charme fantasmagorique abuse les mélancolies
si connues des espoirs amoureux innocents

les temps d'impatiences
pour quelques aventures-baisages inconnues
avec vos insolences prenantes, vos sensualités défendues.

Souvenirs admirables d'en paraître misérable
quand vous, belle dame mise à l'accent,
déconvenue sortez en ces longues impertinences
ivres connivences vers de clandestins amants
illégitimes d'amours, merveille où brillent tous les soleils
bonheurs réalisant l'abandon passager de vos regards sensuels
jouissants de trop de mots-délits et insolences
lorsque vous resterez belle infidèle
dans l'injurieuse patience d'un lit froissé accusateur
d'un autre voyageur.

Bruit

Bruit de vie harassante aux gens presseurs
pressants d'amours volants qui en compteurs
solitudes-courages
habituels lendemains
peurs d'être passé passeur
vers ces nues-douleurs en chanteuses sensuelles
larmes à armes-frayeurs
rêveries alcooliques pour peines charmeuses.

En sueur d'écriture de tant de mots noués
enroués qui puent les loueurs-cœurs
parchemins par chemins de belles ratures si douces
bruits de larmes à vie de riens qui en coûtent sur les passages
ravisseurs ravissants pour nos haines sensuelles qui enragent
symphoniques mélodies venimeuses puis d'un temps outrage.

Assauts d'un héros qu'une nuit
nuit au charme-chagrin.
L'esclave-jeunesse dépeint les toujours amoureux virages
voyages dans ces lits-dépotoirs à silences.

Trop de désespoirs envers les grands âges magnifiques
trop d'aventures dans la longue détresse
inconnue sauvage, sage bruit d'amour
aimant-perdant si l'insulte culte d'une sensualité trop belle
trop cruelle
par faute de jouissants écrits scintillants
mille tempêtes infidèles scellent les délires de toute une existence
fatigante, éreintante.

Tant de courage pour de belles promesses chuchotées
embaumées d'exils-tristesses
d'adresses du temps-compteur
pour tant de rimes amoureuses
elles mensongères beautés entêtées à faire passer
les sentiments douloureux
de ces fers de pucelles argentées
toutes ces nuits d'impuissances
pour la puissance d'émois si infâmes des jouvencelles
prometteuses de désamours
joueuses d'amours grisants
pluvieux de trop d'aimant en ailes.

CÉLINE BELLE CÉLINE

Peine dans mon cœur
lorsque vous belle Céline
haine de mes amours sans bruit
au milieu des nuits sans rêve
quand j'en ai fait état dans mon lit trop de fois
pensant à votre corps
baisage encore sur ma bouche assoiffée
comme un voleur de grand chemin
affamé dans ces délires extasiés
où je vous veux promise ma promise
promesse amoureuse d'un long moment
où j'ai envie de vos bras qui me serrent.

Céline ma toute belle histoire d'amour sans fin
d'en avoir faim dans cette maudite vie de toujours et toujours
vous aimez en délit d'un refus de votre part
dans ces détours hasardeux souvent même injurieux
par ces heures assassines d'une mort au bout
sans pouvoir vous dire à quel point
mon amour grandissant pour vous se meurt
dans ce trop long temps d'en finir enfin
car je n'ose continuer de vivre sans vous belle Céline.

Fantasme de mes soirs vides
infidélité triste d'avoir à vous aimer sans vous le dire
avec toute la force de mon cœur au bonheur éteint
en ces jours qui filent et défilent si vite
lueur d'espérance fugace lorsque je vous vois insolente
de mon regard ivre de votre charme
délit-provocation d'en être violeur soudain

auprès de vos silences attirants
Céline ma belle Céline
amoureux fou de vous je le confesse sans honte
aux dieux de la vie de l'amour de l'envie
prix de vos scandales remplis de larmes
quand vous offensez mes attentes jouissantes.

Délires
désirable belle Céline
chère amourette perdue d'un jour
si rien si vide parmi ces années où la chance de vous connaître
et peut-être de vous aimer comme un fou
aurait été pour moi un grand honneur
vous servir vous donner ma vie
mourir pour que votre charme ne palisse jamais
dans les désordres de l'amour des brigands de l'extase
vous belle Céline
si belle trop belle
souvenance de mes mots dans cet écrit défendu.

Que j'ose pour être votre amant d'amour si doux
jusqu'à ma fin de ne plus souffrir aux aires de votre beauté
d'une nuit-solitude où j'ai bâti tant de fantasmes inavouables
sur vous charmante déesse délirante
désir pour mon cœur d'envie de vous
à en dire que je vous aime tellement fort ma chère Céline
et si le destin venait à nous séparer
sachez que vous étiez ma plus belle histoire d'amour
à en perdre raison.

CES SOIRS

Ces soirs sordides d'amours orphelins
boivent jusqu'à perdre raison
dans ces bistrots-solitudes
oubliant les haines de charmeuses infidèles
pucelles à la voix si douce et aux sentiments de glace
sur l'infini désir jouissant
des mots hurlants pour se rendre à l'évidence
que ces belles sensuelles
ne songent aux délires de ces amours orphelins
baignées de tristes injures
que pour en composer la mélodie-mélancolie en drame majeur.

Pour ces soirs sans honneurs
parmi les faux vainqueurs des extases permises
aux corps de ces jeunes insolentes
vierges inconnues sous les flots de larmes d'amours
au vent soufflant des tristesses
qui se perd lorsque leurs charmants beaux sourires
extases d'amours sans aucun lendemain
restent figés dans l'instant présent des passions-impressions
sur les airs navrants de cette chienne d'existence
acquise bien trop souvent à ces malades d'amours orphelins
en solitude d'habitude de personne
de rien
surtout pas de ces femmes.

Honteuses tentations jouissantes accusant toujours
l'interdit des gestes semblant enfantins
nullement brusques dans les hasards d'amours
si beaux quand elles se fourvoient aux insultes minables

des passions amoureuses heureuses
en ces soirs où certes leurs beautés
sous des lumières-fantasmes passent,
passent d'un moment-rêve
s'embrument vers les tristesses
certaines d'en mourir pour elles diablesses si belles si sensuelles
pour ces soirs sordides d'amours.

Hanté par les corps dépourvus de ces infidèles
images pas très belles dans ces soirs où la solitude est souvent en proie aux espoirs
fourbus foutus quand tombe le rideau noir.

Velours doux ces amours semblant un présage-tristesse
sincérité de toute une vie indifférente
dans ces grands soirs intrépides de vœux pieux
sincérité de tous ces soirs de grands rêveurs orphelins
voyageur vers l'espoir décrit dans les histoires de ces belles femmes
aux sentiments d'amour blessants
et terriblement éternels
dans cette trop longue vie.

C'EST ÉCRIT L'AMOUR

C'est écrit l'amour d'ennui tout bu
par les émois sensuels, mélancolies courantes
envies belles et nuits foutoirs
à l'insoumission mélodique
pour les temps charmés volés emportés
quand la scandaleuse ivresse
n'est qu'une sainte image dommage.

La vie à murmure amoureux
a donné de longs espoirs voyageurs aux courages,
bagages, larmes phrasées
lorsque la belle charnelle solitude
hante d'en croire ces mensonges féminins
dans l'injure-bruyance qu'il, amant, soit dit
c'est écrit l'amour.

Laissant les âges-tendresses
les prix d'orphelins en détresse
chagrins d'une immense tristesse
de femmes accusées aux regards bâtards
des interminables lendemains
larmes-foutres des immenses lits de partages
insultes entraîneuses
symphonies menteuses pour dire
c'est écrit l'amour.

Finis les doutes des longues charmeuses chahutées
à pleurages ombreux parmi les rages, les visages-douleurs
qu'une sensualité ravissante n'a d'amour trop abusé
d'une folie perdue dans les bruyantes jeunesses

sentimentales mélancolies
ivresses-tendresses emportées vers d'insoumis connus
d'enfin acceptable instance
la fin d'encore charnelles et belles voyageuses
imparfaites aventures
c'est écrit l'amour.

Nuit à l'envers d'une insolvable amoureuse
passante de trop longs chagrins
matins-insultes sans plus de doutes
aimantes injures qu'en ces réelles brûlures
jaillissent les peines subies dans une vie à tort
charme emporté pour sensualités envolées
lorsque c'est écrit l'amour intense ne vaut rien
rien que des chiens envers ces beautés-chagrins
inutiles de vie comme de mort connue.

CETTE FEMME

D'amour à perdre raison pour cette femme
sensuelle et belle à en mourir lorsqu'elle joue de l'amour
avec son corps et des mots troubles
que le temps-tristesse d'un cœur amoureux
souffre d'elle toute une vie
quand cette femme n'est qu'une image d'indifférence
aux outrages violents d'une nuit de jouissance.

Pour des lendemains amers lorsqu'elle apparaît insignifiante
Beauté-chagrin à en mourir par son injure naturelle
quand son allure se déchaîne
vers les délires rêveurs de ses doux murmures.

Si le scandale d'elle en souvenir au tort d'être un plaisir
ne vaut rien sans ses regards dompteurs
sur l'avenue des passions orageuses qu'elle dessine
vers les années de sa jeunesse où elle inscrit trop d'outrages
dans les nuits-solitude où les hommes
pleurent d'avoir réclamé en vain le plaisir charnel.

Permission interdite quand elle se destine à la tendresse
d'un amant de passage et devient le mirage amoureux
un moment merveilleux qui, pendant longtemps,
demeurera une injure mélancolique
parmi d'autres mélancolies brûlantes
dans ces lits de hasards où cette femme ose encore l'espérance
de son charme-jouissance avec une infâme arrogance
qu'à l'intérieur elle en devient laide à force d'années filantes
de ces pleurs d'elle jusqu'au jour où seule elle restera.

Puisque cette femme trop belle
n'est que souffrance d'amour passé en mon cœur
en ma voix d'essayer de lui faire comprendre
que je suis amoureux d'elle
mais elle s'en fout car je ne suis rien pour sa tendresse
qu'elle ne me donnera jamais
alors je préfère mourir
puisque pour elle je ne compte pas
en son regard qui me fait souffrir
puisque c'est ainsi
que Dieu me rappelle à lui au plus vite.

Chance d'amour passé

Chance d'amour passé d'une immense tristesse
en mes jours où ton souvenir n'est qu'ivresse
peine aux nuits de ton encore brûlant
sans réalité dans mes rêves à te voir fidèle en ces promesses
que j'ai su t'écrire lorsque nous étions amants
afin que tu sois toujours ma chance d'amour.

Oui car je t'aime
encore pleurant de toi en ma vie longue à supporter
ton absence insulte mon envie d'en finir avec mes douleurs
avec cette existence-peine
et ces souffrances furieuses de passions promises aimantes
dans mes silences endormis en détresse.

Fautes d'une insoumise jouissance sur ton image
qui ne m'est qu'injure
j'en suis encore coupable dans ces nuits d'habitudes-solitudes
de t'aimer comme il n'est pas permis
en ces lendemains où je m'éveille avec le mal de toi
dans mon cœur fatigué de battre pour des tristesses déjà vécues.

Par chance d'amour passé
je n'en comprends guère plus mon existence
obligé en raison de ton absence subie chaque jour
comme un con sans mot disant pour ma défense
d'un souhait envers la mort imprévue que je souhaite fort
afin qu'elle me mène auprès du Dieu guérisseur de ma tristesse
pour oublier ton absence
et la chance d'être aimé de toi.

Charmes de larmes

Charmes de larmes
d'un amour passé aux symphonies mélancoliques
sur ces amoureuses infidèles
diablesses qui jouent avec insolence de leurs corps
dans les murmures interdits des départs sans retour
vers la grande peine d'en tomber fou
lorsque la nuit-solitude devient parfois tristesse
d'un matin-habitude.

Croix haineuse pour l'oubli d'un sentimental
charmes de larmes
passeur qui injurie l'envie-jouissance
parmi les mots d'amours sincères
sur l'instance de leurs passions en instance de refus-scandale

Grâce à l'insoutenable sensualité, elles inscrivent dans le hasard
des *non* constants pour glorifier leurs scandaleuses insolences
quand le regard-laideur extérieur, affamé espère un long voyage
amoureux nu d'un simple soupir
à l'espérance de son corps jouissant.

Mais le pleurage venu trop de fois pour ces charmes de larmes
en cette vie d'espoir absent
décevant lorsqu'au fil des jours fuyants
toutes les peines s'envolent vers l'ailleurs.

Brillant dans le souvenir des charmes de larmes
n'était qu'une aventure inaccessible par ces années
passeuses entraîneuses
que ces belles sensuelles deviennent souvenances

qu'elles finissent souvent seules avec leurs beautés
sur les véritables passions des soirs-amours
des amants solitaires qui ont pour compagne
l'habitude d'une solitude
sur les traversés d'envies merveilleuses et ruisselantes.

Cœur de voyou

Cœur de voyou par ces âges
en pages filages où l'attente d'amour
s'écrit aux espoirs déçus
courus après un semblant de joie que la vie n'est guère plus joyeuse
vers ces passés-bonheurs d'avant silencieux oh !

Si beaux silences jouissants qu'aux heures des passions charnelles
infidèles femmes
ne sont plus aussi belles dans les autres soirs nouveaux
lors des folies-fantasmes encore plus torts
lorsque le cœur de voyou est mort.

En longues espérances fugueuses
aux espoirs brûlants quand le cœur de voyou
à l'égard des sillages n'est que passeur de certitude
vers l'ombre des habituelles tristesses écrites
sous les envies aventureuses d'amoureuses si sages
pour un demain bâtard qui toujours revient sans égard
effaçant les rêves chahuteurs où l'émoi charnel
semble une explosion envers le possible délire
galopant sur de trop belles dames faciles à bander solitairement
en fait fêtardes sans refus vers ces nuits solitudes.

Pour une espérance ficelle le cœur de voyou
n'est plus aux regards passionnés
dans les silences féminins d'aujourd'hui
ni sentiment sauvage pour oser
ces pucelles semblent des mots infidèles
pour décrire l'acte pur
sans injures ni phrases d'autres écrits

dites envers leurs charmes sensuels
qui ne sont qu'une parcelle de bonheur aux hurlements incessants
d'en souffrir par habitude
lorsque la réalité de leurs charmes intérieurs
paraît n'être que laideurs et frayeurs
quand la vieillesse oblige à l'évidence
qu'elles étaient si belles en ces âges qu'un cœur de voyou réclamait.

Réclame encore des passions bradées
en ces foires de belles sur les bruyantes nuits vides
certitudes qu'une extase-solitude coule, roule mieux
sur la passion rêveuse, enchanteresse des crépuscules brillants
vers ces invisibilités amoureuses
sans aucune prétention
d'être un jour vraiment belles aux soupirs d'un avenir lointain.

Couleurs

Couleurs belles
aux inspirantes passions féériques
qui sur des feuilles-voilages
tracent un sentiment-voyage
glissent vers une nuée brillante
comme une escalade-merveille
nouvelles vers de pensives ombres sombres
qu'une furie de lit saurait traduire
entre ses silences élancés.

Rendu de couleurs misérable
pauvresse éhontée lors d'une inédite vue
haineuse et fugace
dans le ravage incessant
démontant où de passionnantes raisons sensuelles
d'imprimés d'autres voyelles heureuses
pour des tableaux blancs
en attente s'enfoncent dans l'émoi.

Noir, gris, bleu, rouge, marron, orange,
jaune, rose, violet clair ou foncé
toutes semblent des couleurs si belles
arc-en-ciel mélodieux
envers l'amour-expressionnisme
d'être créateur insolent grisonnant
parfois même au temps sur papier
enfant à l'aube d'une création
naissance-certitude
qui apprivoise les brillances étincelantes.

Larguées par le hasard inventif
nulles couleurs ne semblent orphelines des écarts colorés
si le blanc barbouillé quand l'auteur à l'œuvre
sauvage tendresse
exprime ses peines et ses joies avec son cœur mis dans l'ouvrage
lors d'interminables visions intérieures extérieures
richesses sans bévues
regards intéressants
seuls juges véritables de l'art.

Elles, étendues suivant l'espoir-désespoir intermittent
d'une sensation pensive
quand de si beaux mots n'exprimeront jamais le formidable
tellement les couleurs magnifiques traduisent
l'expression de l'auteur devant sa feuille solitaire.

D'AMOURS AMOUR TOUJOURS DE VOUS

D'amours amour toujours de vous en pensée
Qui m'aurait effleuré l'audace fumée consumée
Lorsque votre corps jouissant n'en sera les passés
Inconnus rêveurs envieux où j'en étais l'écriture souhaitée
Par délits voyageurs tellement câlins-catins consumées oubliées
Sur peine foncée aux tris tristesses tendresses injurieuses fumées

Où j'en commettrai passions-magnificences
en fois tellement enlacées
Qu'atout de mes sommeils
j'aurais été ratures amoureuses effrontées

Pour vos silences trottoirs
désespoirs si longs plaisirs blessants qu'aux étés
Mensonges trop à mal
mâles infidèles enfers d'extases passés si envolées
Idées d'une jeunesse souffrante
souffrance vieillesse dont je saurai les mots largués
Si de vous sensuelle
belle jouissance en mes sordides vides soirs froissés

D'AMOUR, D'AMOURS

D'amour, d'amours toujours de vous
folie captive en détresse
lorsque toutes vos promesses éternelles
m'en dites aux temps lointains
que votre charme si loin
n'est que mots-fractures pour mes ardeurs éteintes
en orages jours et nuits
soudaines mélancolies inscrites.

En hasards d'amour
si d'amours par envie
qui m'en voue d'être à vous commise
entre mise d'effort brûlant
sur l'encore prisant mensonge
doux silence absent
que vous m'êtes sans cesse tristesse-convive
un parfait outrage baguant.

Accusant d'amour les pires cris d'amour
ternis dans mes âges lorsque la fugace existence-catin
sera lasse d'ivresse tranquille, de paisible repos
du mérite de ma vieillesse convenue
la saveur d'avoir consumé abusivement vos charnelles solitudes
et vos infâmes habitudes avant mon grand départ libérateur.

Voyage d'amour
d'amours toujours promis jamais insoumis
loin des turbulences haineuses
sûres d'injure traîtresse par ces dénis nus
que je suis sans votre voix amoureuse

auprès des mélancolies apprises
dans de dansantes émotions étrangères
comprises peines conquises.

Hontes d'amour, d'amours éternels pour mes larmes jaillissantes
dans mes excuses passeuses
furie où vos sentiments lointains m'en font toujours
un grand déballage outrageant
quand j'en accuserai l'amour incessant d'un émoi facile
bonheur connaissant d'avoir trop usé
votre présence en mes misérables souvenirs
heureux d'en finir malheureux de vous aimante maîtresse-abandon
dans un vent violent où je subis tout le temps
pensant encore malhabilement d'amour
d'amours toujours de vous en mon manque certain.

DE VOUS J'EN AI APPRIS LA SOUFFRANCE

De vous avoir aimée j'en ai appris la souffrance
des trop longues attentes à espérer
que vous me prendriez contre vos amours brûlants
tout d'un temps absurde d'en croire
en vous jeune impertinence de mon cœur malade
par votre faute à l'espoir malheureux d'être encore amoureux.

Si de vous en infidèle que je ne sais pourquoi
les raisons de mon amour brillent encore pour vous
insolence des jours-tristesses où résonnent ces torts
d'une mort que je préfère dans le cas de vos désirs pensifs
quand je vous regarde tendrement
silencieux à l'indifférence de vos passions meneuses.

Menteuse mélancolie de ma vie
j'en effacerai chaque contour de votre souvenir
afin d'une autre promise envie
des encore promis pour vous oublier
las de n'être rien de vous
j'en ai trop abusé de vos haines à mon égard.

Ou par vous trop de souffrances apprises
le dégoût me prend lorsque je vous aperçois
à l'offense de tous les jours vivaces
injures dites en mots-insultes largués
aux passés de votre charme sensuel
cruel en ma vie perdue d'avoir envie de vous
j'en soigne l'ivresse de ma peine toujours.

Vous dans d'autres rêves
de vous voir souffrir
sans amour vous en mourez
car un jour, justice-vérité rendra compte
aux sentiments de votre amoureux
combien vous êtes si laideur à l'intérieur
d'avoir gaspillé de votre regard tendre et de vos silences jouissants
tout ça n'était qu'une sensation d'extase inutile
lancée aux envies-foutres de vos tendresses
et qu'il ira voir ailleurs
un jour proche je l'espère
et je rêve qu'il vous laisse seule
quand il se rendra à l'évidence de l'inutilité
de continuer à vivre son amour grandissant
auprès de vous.

D'EN RAGE

D'en rage, amoureuse-outrage
soirs des chagrins-silences
dans les rêves insoumis où une putain-ivresse joue l'absence
sur les écrits en mille pleurs des femmes de rien
beautés-souffrance
les cours d'une envie
insultent à vie comme mort toute délivrance
certaines que la tristesse des souvenirs amers
n'est qu'une fausse danse
amoureuse-langoureuse, tendresse-mélancolie
planante, sensuelle chance
nuitée d'un bruit orageux vers l'exil des amants
impuissants désirs en vacances

D'en rage suffire les larmes
drames infidèles, passions en écuelles des raisons aimées
toujours ces jours assassins, menteurs à l'amour
sans espoirs, lendemains trop fatigués
las d'espérances recherchées
d'éternel repos, de jouissants délires
tout en grandes voluptés
avant tant d'éclats, d'injures, de peines
pour sûr ces regrets aux charmes tellement dépassés
qu'on damne l'accent
promesse promise sous les insultes-ivresses
d'une jouissance embarquée

Ces longues vies emplies de plaisirs aux mots doux
froissées par la beauté d'une jeune amourette indifférente

D'en rage enfumés les outrages infâmes du soir
connu et solitaire, pleur habituel, solitude mélancolique
lendemain de guerrier dépravé
sous une ombre féminine
pure insolence des nuits-merveilles fantastiques
rêveries, enchanteresse symphonie, désir admirable
dans les fracas véridiques et très poétiques
tendresses ensoleillées
souvenances portées par tant de mots de mâles sots
pour dire les sensuelles
subliminales et tragiques passions-mélodies
comme autant d'ivraies, d'accents impurs, d'imports,
largage encore du triste destin en trique
bitte d'amarrage en flammes
femmes interdites d'amours
espoirs sur les quais brumeux des histoires féériques.

Des je t'aime incessants

Des je t'aime incessants sur les bords de peines
bordels qui ces dames rêveuses ne sont aux nuits malheureuses,
chanceuses ternies d'envies
soit en soies luisantes vers des bonheurs taris
des espoirs mal acquis, incompris, sages
amoureux attendus longtemps.

Trop à temps
perdant des je t'aime incessants
pour quels âges vibrants d'une promesse
bruitages de lits voyageurs, fugaces passions, ivresses plaisantes
écritures sur papiers-brûlure
d'abandons froissants ou d'âge trop tranquille
filant-défilant qui n'aura l'audace d'un sentiment-bonheur-putain
envers ces chiennes nuits-solitudes.

Dégradantes sensuelles
en tous je t'aime incessants
courant ces longues existences épuisantes, rêveuses, inaccessibles
dans cette habitude-outrage
pucelle d'un moment, fantasme déchu le long d'un amour
insolent émoi qu'entre voyages innocents
au prix d'encore d'autres efforts
sans trop de mots chahuteurs, corsages-jouissance,
comptoir.

Souillé, abusé en tort
des je t'aime incessants
sous quelques plaisirs d'autres tendresses
dont celles charnelles osées proposées

symphonie-complainte mélancolique pour amoureux
sans grands bagages
que d'espérances-folies par quatrains insolents
dociles et faciles.

Larmes-alarmes
drames coupables, incapables
des je t'aime incessants oubliés des espoirs crus
bonheurs nus en ces belles revues authentiques
toujours d'amours déchus déçus
le sourd moment voyant parmi les faux divins assassins
assoiffants de ces corps sensuels, imagés d'amour infidèle
infâme vacarme d'elles aux injures de face
aux je t'aime incessants
rayonnants.

Dieu

Dieu, je t'écris cette lettre afin que tu puisses m'accueillir en ton royaume des cieux au plus vite pour te parler de ma souffrance grandissante à l'écart de l'amour de femmes si belles à mon regard-laideur et maladroit envers leurs passions, quand j'aspire juste à recevoir un peu de leurs sentiments amoureux.

Mais loin, très loin de ce qu'elles m'offrent ce plaisir, je sais leur être indifférent dans ma souffrance à les aimer pour rien.

Dieu, en mon existence de chagrins, combien d'années dois-je encore vivre ainsi ? Combien d'amours impossibles dois-je encore souffrir ? En ce temps où j'ai envie d'en finir avec ma solitude, car juste un moment de ma vie je souhaiterais une présence féminine auprès de moi.

Je me fous qu'elle soit belle ou laide, le plus important c'est qu'elle m'aime, le plus important c'est qu'elle sache comprendre mon regard, mon cœur qui ne battra que pour elle.

Dieu, offre-moi une chance pour que cette prière écrite se réalise, ou bien accède à ma demande de te rencontrer et viens me prendre et m'emporter en ton royaume des cieux d'amour, de chance et de bonheur. J'ai trop souffert de l'absence amoureuse de ces femmes que j'ai aimées inutilement.

Et j'espère que lorsque je serai au plus vite près de toi, mon Dieu, j'espère me faire aimer par des déesses identiques à ces femmes qui ne m'ont jamais vraiment aimé.

Voilà pourquoi je souhaite que tu me prennes. Alors fais-moi un signe, réponds à ma demande, viens me libérer de cette souffrance, je n'en peux plus.

S'il te plaît, je t'en conjure, avec toute la force qu'il me reste pour cela.

DISTANCES

Distances au cours de ces peines
en vies infâmes de souffrances
où je ne connaîtrai jamais la réponse des belles blessures
sûr que mes paroles insoumises ont trop connu
par défaut
vulgaires
de ces amours charnelles
dans l'écrit insolent, hurlant.

Pour ma vie aux espoirs-distances
tous les jours d'une sensuelle maîtresse inconnue
en mon cœur, orage, nuit, solitude pensive
vers une tendresse orpheline d'un amant
mâle scandaleux
mots brigands
lorsqu'elle se devine silence-délit
par mon lit froissé où trop de rêveries mensongères d'elle
m'accuse de ces ivresses.

Lors, son absence intense
distances
m'a rendu délirant
qu'en disent les raisons menteuses, les folies coupables
en devoirs respectables par jugements minables
injures j'en subis
leurs violences-insignifiances d'elle,
dont ma cause-mélancolie quand elle me rend sourd.

Rêveur avec telles distances
en son impression amoureuse sur mes tristesses épuisables

attentes sans espoir afin qu'elle me soit promise
rien d'en mon amour attendu
sous la raison entendue quand elle me sera revue
exquise le long d'une haine admise
tant d'envies, de fois par voix de détresse.

Naufrageur a ses distances mises
j'en ai reconnu la défaite les larmes baissées
vers l'immense soupir fatiguant, misérable
l'envie si faite des conquêtes harassées
pour mes pleurs d'elle
en mes manques amoureux
de lui en dire toujours mon amour.

Douce Roxanne

Rêveries d'amours aux tristesses
où je veux vos encore
par toutes ces nuits d'être voyeur-voleur
de vos tentations-jouissances en mes sentiments amoureux
lorsque je vous ai comme promise
acquise aux paroles baisées de votre bouche
sur mon corps puceau de vos tendresses.

Laissez aux oublis des lendemains réalistes
quand vous vous faites injure charnelle
avec vos sourires vers les soupirs qui veulent
que j'espère un temps d'amour pour vous et moi
avant que je m'en aille pour une autre vie, un autre destin
puisque je vous aime comme fou
ivre d'une chance amoureuse dans cette existence maudite et sans
espoir.

Encore de vous j'en saurai les mots silencieux
d'un poème en je t'aime écrit avec peine
d'une haine en pâlir
vos soupirs aux sorts jetant des tendresses vécues passionnément
lors d'autres vies heureuses que j'espère avec vous
sans ratures
sans fractures d'ombres malheureuses.

Aux merveilles de vos sentiments où je serais votre amant
si beau qu'un autre n'osera vous effeuillez le corps
d'insultes pluvieuses en ces nuits-solitudes où moi
je serais l'habitude de bruyantes tristesses
avec l'espoir de votre regard vers le mien

qui vous semble rien de rien
quand j'en serais devenu chien pour l'excellence envieuse
des nouveaux matins où la foudre me frappe au moment de vous voir.

Puisque belle rêverie d'amour inaccessible vous paraissez
pour mes bonheurs inconnus en votre charme insolent
sachez qu'un jour, belle Roxanne, la vie vous enlèvera
car votre beauté jouissante de mes envies-violences
ne dure guère toute une existence
tandis que ma laideur restera compagne fidèle
toute mon existence passer à vous aimer à en mourir.

DOUCEMENT

Doucement ce crépuscule tombe sur l'effort des amours-solitudes
en cette nouvelle folie venue
où t'aimer ne semble bref aux cuivres des espoirs dommageables
qui sonnent, tonnent vers une mélancolie charmeuse
de n'en plus être bonheur lorsque les pleurs naissent
stupides injures charnelles
pour les désespoirs acquis sans doute.

Doucement en fer la vie à l'amour des sorts furieux
lors d'aventure en aventure
si infiniment joyeuse par les plaisirs infidèles
en ce jour de femme désirable
lors des passés gaspillés en amours
d'en souvenir dans les sillages volants
des rêves jouissants
brèves passions heureuses dans ces pénibles lendemains certains.

Hurlements d'atroces souffrances au fond de l'âme
sèment des traces à tous les temps sur l'oubli-voyageur
qui ne sut guère au présent docile
par toujours un moment meneur, videur d'années après années
lorsque doucement, filant futur n'est qu'autres pages d'une vie
envie chanceuse acquise aux menteurs-menteuses
hypocrites des allures fades
telles des mots-trahisons vers les songes
tranquilles par l'encore qui se propose.

Durant trop de regards avides de sagesses
qu'au bout des chemins pluvieux, ennuyeux d'injures
sans mal à poings fermés

hargneux des quelques vœux-espérances, parfois aux larmes
rancœurs emportées lors des indifférences amoureuses
longtemps fouillis vers ces pardons sans raison
apparences où doucement l'espoir permis se fera grâce
tant de fois en grâce indélébile dans l'explosion merveilleuse
furieuse des souvenances d'amours solitaires
parmi les murmures grondants dans ces silences peinés.

Doucement sans aucun bruit d'esclandre-passion
de ce crépusculaire effort d'amour souhaitable
osera l'instant délirant des lits de sommeils en solitudes
un jour sûrement lorsque l'amour charnel sera beau temps,
merveilleux, respirable auprès d'une véritable femme-sensualité
si elle par décibels hurlants envers les faux amants
des lueurs, soupirants seuls dans l'habitude
matins à l'endroit des lendemains fatigants de toujours
haines réalistes en ces réalités douloureuses
voyageuses passantes de toutes les larmes
aux grands foutoirs du silence invisible à jamais.

D'UNE PUTAIN

Sur les émois d'une putain
soir de déconvenue aux amants sans lits
chahuts soupirants se souvenant
vers le matin-larme toujours présent
lorsque le continuel encore du chien
n'est que drame
vaurien à putain sans un mot de départ pour tout autre espoir.

Inconnue lorsque tous
d'une putain infâme qu'elle ose l'homme-larme
drame, vacarme, sous désespoir
connue de tendresse bazardée vers la tristesse éditée
en toute folie
gravée par trop d'encore gâchés.

Toujours d'une putain-ivresse des mélancolies-écritures
tant de feuilles raturées de pleurs silencieux
de haines bagagistes dans ces infâmes orgies-comptoirs
qui valent de matins-dépit en lendemains-dépotoir
pour qu'une putain-rêverie, belle excuse
se mue en admirable injure, délectable passion misérable.

Qu'aux vulgaires voyages-plaisirs
délires pour quelques indomptables silences ravisseurs
ou en raison d'une putain tout infidèle
belle d'envie insoumise
des temps d'amours passent vers d'incessantes chaleurs
aux accents de passion mortelle
au cours des nuits avides de tant d'injustices, de larmes alarmées.

Par trop de gros mots et sots
lorsqu'une putain-aventure ose l'encore délaissé
jusqu'à la grande folie enflammée de ces jours, de ces temps de rien
bruyants souvenirs de chiens abandonnés
dans les éternelles mélancolies
notoires, enchanteur-charmeur qui mord à l'envie usante
et ne gagnera rien des faveurs de ces putains sans excellence
véritables amours sincères de cœurs-abandons.

ÉCLATS ÉCLAIRS

Survie d'éclats-éclairs foudroyants de haine libre
dans ces aires
Dieu n'a pas répondu aux appels incessants
aux nouveaux bruits mâles de cœurs-courages
vers tant d'espoirs-fractures, factures longues en voix de larmes
jaillissantes de cette grande solitude
parfois admise, qu'est l'injure scandaleuse.

Constante tristesse d'éclats-éclairs
enfers de raison, de trahison en force
des repos du voyageur sous la fin déviante
respirant enfin d'une tranquillité méritante
les turbulences souffrantes
les existences-batailles
d'une douce traîtresse aux injures par mélodie qui me blessent.

Telle attente en éclats-éclairs
de peines, de vies de malchance, d'horreurs abordables
cire les fatigues des lendemains
coupables, incapables, immorales
elles seront toujours hypocrites et présentes
dans les hautes sérénités tranquilles des paisibles temps-fureurs
où tant d'ardeurs viables
semblent déloyales et silences irraisonnables.

Haines lâches, violences aux âmes
mensongers messagers d'éclats-éclairs
sans jugements-vérité à ces fureurs
Dieux-justices qui aux faibles regards
imposent de subir tant d'outrages

Et de continuer cette maudite existence
D'où toute mélancolie-tribord inonde ces jours si longs.

Pour des vues interdites
quand les gros mots d'éclats-éclairs suffisent
plus d'une innocence chagrinante souillée d'insultes mesquines
volontaire pourtant dans l'insoutenable mensonge
voit les croix des véritables raisons fossoyées
d'assassines douleurs au doux silence
sans expressions face à ces cons
dérangeables aux vies fugaces.

ÉCRITS D'AMOURS

Écrits d'amours silencieux
couverts d'un voile indifférent
dans l'espoir qu'il n'est de plus beaux mots doux
lorsque la vie-folie haineuse ose ses lassitudes entraîneuses
que ne s'en voit ces phrases tranquilles vers trop d'outrages
soirs fendus des amours défendus.

Sauvages mensonges des écrits d'amours sensuelles
pour quelques chagrins venus dans leur mélodieuse absence
longue ligne, fracture en louable murmure
pleurage sur les âges vieillissants, les jours d'infamies
les belles promises, meneuses aux silences endormis
pour des mots d'encore impossibles
quand le temps insoumis d'amoureux voyageurs et sages
semble aux inspirantes des proses merveilleuses.

Fugueuses de tant de ces écrits d'amours
Lus et relus à trop d'envies passantes
mélodies mélancoliques quand l'espoir lasse
prieur soumis en charnelles passions
rêves sans lendemains sur des phrases, des quatrains
d'une catin-tendresse en ces compositions lointaines
aventures enchanteresses qui ne durent longtemps
qu'en espérance permise si fort d'indécence acquise
quand ne suffit plus la tranquillité amoureuse.

Sans frémir
par écrits d'amours brisures voilant
inspirantes jouissances d'une ivresse blessante
qui danse sur la grande piste

injure sensuelle des longues attentes gravées
en quelques regards
larmes d'une vie
femme-drame éventée des écritures sentimentales
au cours des amours orphelines
d'une tristesse éternelle comme une longue existence
de souffrance d'une maudite passion charmeuse
ne valant rien au bilan d'une fin tellement méritée.

Elle

Elle, silence amoureux
émois d'amants vers ces mots
beaux voyageurs
passé encore attendu si fort
lorsque sa tendresse n'est que ruse abusive
une ivresse en écriture
un salage le long des peines
et autant de mirages, d'abrutissantes rêveries irréelles
la mort-traîtrise d'une vie manipulatrice.

Quand elle
joueuse d'émois infinis
âges-larmes entendus pour son amour
plus jour venu qu'un lendemain fut un soir de rages merveilleuses
lorsqu'elle si précieuse, amoureuse, acquise aux sentiments
chaleurs des bonheurs-prières au hasard inconnu
envers toute soumission dite vengeances
par ses indifférences souvenances.

Pleurages sur elle
prise entre de brûlants sentiments
orageux, scandaleux murmures-poisons
d'armures outrageuses sous les folies grimpantes
qui de son charme enivrant passe les temps-fureurs.

D'avant d'après elle
brimades en l'amour jaillissant
pour quelques miséreux torts passant longtemps
amants-voleurs, voyeurs, viseurs graciés
lorsque son corps des ombres sort

tous décors affolants dans les nuits menteuses
pertinences adorables, coupables, accusables
hurlement-chagrin que l'ennuyante fin non venue
parmi ses insolvables insolences sensuelles.

Féminine belle
si elle phrase douloureuse des poèmes symphoniques
mélancolies infidèles, chahuts tristesses, habituelles brûlures
menteuses injures, houleuses de vies amoureuses si intenses
cadences infernales, scandales par sa beauté ravisseuse
peine d'une infime existence
ne vaut rien à l'homme
de chiens malheureux
qui l'aime sans le lui dire.

Envolé

Envolée d'amour charnel aux nuits-sagesses
vers l'espoir adresse qui d'un matin certain ne sera guère
habitude de rien en ces amours éteintes
vers ce lendemain souillé des mots volants
aux mélancolies d'un départ certain
menteur si chagrin
putain sur vie accourue
tellement déchue en primage où les adieux sont teints.

De larmes envolées, envoyées
le long désir d'en mourir
pour oublier la tristesse passante des absences cruelles
au temps infâme lorsque toujours s'en détresse
vœux mourants, intense délivrance
lorsque n'est qu'envie finissante, tendresse
lieux autres, prix du bonheur.

Qu'une souvenance larme ose un instant murmurant
envolé vers l'écriture-peine nue en décibel
charnelle, sensuelle ivresse d'amant d'été
pleureur sans réconfort ce long courage nuisible
parmi le temps
si à temps presser
lors d'âges fugueurs pour un amour incertain
jour bonheur charmant.

Qui n'ose les demandes féminisantes
sur les tendres futures douleurs par le passé infini
dans ces lointaines rêveries sans raison
d'amoureuses nues envolées

de mélancolies chahuteuses, charmeuses
pour d'incertains voyages jouissants
effets voleurs.

Nuits envolées emportées d'injures
lors de parfum de femme, outrage dans les mots-silences
douleurs intenses des longues absences
apprenantes vies des tristesses sans adresses.

Espoir, désespoir

Espoir, désespoir des miroirs fissurés
où le grand amour osé n'a connu ces femmes outragées
qu'en des soirs imagés le son des rêves abrutissants
jours-chiens toujours venus
chagrins aux souvenirs amoureux délaissés
qui insolence même aux voilages sauvages
sera âges rages vers les outrages
tendus d'un trop lourd mirage.

Espoir, désespoir qu'une mélancolie bruyante
tendresse en tant d'absence, différente promise
remise sans promesse commise
le long du fourbu sentiment, brillant vers l'amant déchu
déconvenue, ivresse sur tant de fesses
jouissances en ces lits différents de charmes insolvables.

Si espoir, désespoir accourant parmi l'ivresse
sensuel bonheur d'un désir fou
délire sur le passé convenu
des charmeuses déconvenues aux accents misérables
mots doux vers de longues peines injurieuses
toujours écrites dans ces drames turbulents
enfants insoumis, bruits qu'aux vœux ternes se tiennent
envers la belle scandaleuse passeuse menteuse
des offenses comme des maquillages tendus.

Qu'espoir, désespoir d'une vie entraînante
sur ces images défaillantes vers un amour sans rente
espérance trop sourde, envie ensoleillée de chance bonne
chaque instant dans cet immense malheur ennuyeux

la faiblesse toujours, adresse d'insoumission conne, trop conne
pour quelques promesses détenues en émois
par suite d'un torrent-jaillissement
drame, larmes dans ces passions amoureuses
vacarmes dames indélébiles dans les exils-joies.

Espoir, désespoir acquis en ces hurlements
jouissances des femmes
passagères clandestines d'amours abrutis
les temps à temps espérant si fort
ivres aux chahuteurs libres
corps solitudes mélancoliques
dans tant de symphonies-détresses
qu'une simple habitude sans elles.

Fatiguer de vivre

Fatiguer de vivre dans ces jours
des lendemains pareillement sans le moindre espoir
où je puis m'accrocher aux hurlements de mes S.O.S.
en cette vie sans la moindre tendresse
mes espérances semblent démunies lors de jours habituels.

Des peines dans mon cœur à chaque année
pour un nouvel amour foudroyant j'en suis exempt,
pour un simple regard de femme vœu sans mots doux
réconfort de mes silences-tristesses j'en subis leurs abandons.

Pourtant j'aimerais délier ces chaînes qui m'emprisonnent
et me rendent animal où je suis en cage
quand la vie passion devient amour d'exclusion à chaque temps.

Que je voudrais dormir pour ne plus me réveiller
passer de l'autre côté de cette vie car j'ai trop mal intérieurement
puis maintenant ma souffrance est telle
que plus rien n'a d'importance pour moi dorénavant
alors laissez-moi m'en aller
j'en appelle à votre indulgence.

J'ai trop pleuré sous les injures féminines
j'ai trop souffert sous les ordres de l'absence jouissante
je suis épuisé d'être fatigué de vivre
comprenez mon désespoir
car tellement de matins chagrin
j'en subis jour après jour pour rien
j'envie ma fin je vous l'avoue messieurs les Dieux de la vie.

Femmes, femmes

Femmes, femmes d'amours rêveurs aux cœurs abandonnés
en grâces d'avoir espéré vos soupirs
à l'ombre des souvenirs voyageurs
où le temps avec vous pour des baisers-voleurs n'ont rien trouvé
j'adresse de vos tendres murmures
doux qui aux corps blessants
de mots brûlants d'espérances amoureuses
s'en est fait autant d'offenses.

Insultes envers l'espoir nouveau d'autres aventures
bien plus belles que vous, parfois cruelles
sans amour d'une envie jouissante lorsque vous vous faite infidèles
par tous ces amants-silences en folie
le jour de vos attentes en nuits
d'en passer les victimes solitaires
d'un encore brillant auprès d'une solitude acquise.

Femmes, femmes à la joie d'être un sentiment fou
d'en mourir de plaisir
lorsque se dégage en vous une sensualité insolente
les soirs pluvieux des vœux étendus
rage entendue le long d'outrage pensif
vers les délires sauvages qui ne sont que bref rêve de vous songer.

Puisque belles d'extases
sous les orages de nos passions amoureuses
d'aller à l'aventure des soupirs en compagnie de vous
femmes, femmes intrépides, regards-blessures
soyez toujours notre avenir même si parfois nos mensonges
de vous maudire tellement fort

ne sont que des larmes à vous retenir
dans nos espoirs de votre amour sans adresse
aux âges de ne plus être chagrin de vos amours-délires
en ces temps présents fuyants à toute vitesse
lorsque cesse nos peines à vous aimer trop de fois pour rien
car la mélancolie due à vos charmes insolents
se perdra dans les sentiments de nos dégoûts
à la vue de votre vieillesse où l'on se rendra compte
de votre laideur intérieure
acquise durant votre vie où vous étiez belle
jeunesse de nos envies jouissantes.

HAUTE PEINE

Haute peine d'amour chagrin scandale
Vers le sang impur espoir féminisant sale
Ivresse d'injure lancée d'une détresse banale
Charmeuse jeune insolente insolence qui mâle
D'homme-larme sous le grand soleil d'amour pâle
Qu'en font ces écritures de belles distances banales
Toute d'une vie d'insulte, que chienne de pleurs trop sait
Haute peine en un soir tempétueux de promesses putains
Dalles mélancoliques cœurs souffrant par ces riens matins
Encore et aux encore tendresses scintillantes brûlantes faims
Jouissances complaisantes réelle douceur osant le chahut baladin
Nuits solitaires solitudes d'espoirs malades
dans ces grands lits chagrins
Pitances d'émois pénitences trop rêves usés
qu'à voix de pleurs si dépeints
Par charmes d'apostrophes denses
dansées le long amour des tristes sereins
Haute peine sans mot de trop femme cruelle
maîtresse fumeuse à tendresse pendue
Vers encore d'être traîtresse-injure
voyageuse insulteuse pour fatigue nue déchue
Les temps passants où toujours
douces écritures menteuses amoureuses inattendues
Tangues haines d'alcools
envers leurs tendres regards insoumis
trop belles en revues
Mélancoliques existences
corsages qu'en use l'âge
jeunesse pour mort étendue attendue
Sans grand bruit

fuite des passions ensoleillées
parfumées d'esclandres
amants trop inconnus
Sensuels par tant d'outrages sensuels
envers rimes merveilles
rives mots doux d'amours entendus

INAVOUABLES PASSIONS

Inavouables passions sur tant d'amours
émois qui en jours infinis ne seront dits à la nuit voyageuse
en murmure pour des fantasmes charmeurs
hurlants aux tendres rêveries amoureuses
quand le bonheur réel n'est plus par temps
l'ouvrage des peines esclavages
purs étalages d'une raison parjure.

Cause blessante d'inavouables passions
accusables sur l'espérance fugueuse
qui plus belle brillance n'en saurait ces mots douleurs
sous le vide sentiment
pleurage de trop d'âges grisants à toute vitesse
filant vers la raison menteuse
mélancolie-fiançailles acquise en lendemains
passants admirables
amants oubliés d'autres charmeuses insoumises.

Écritures d'inavouables passions amoureuses
s'en délient envers les délires battus de chagrinantes sensuelles
sans espoir doux offrant dans les soirs-furies
tendresses sans promesses lorsqu'en abandons-outrages
insolvables usant les matins-certitudes
vers les solitudes existées
prix de vie si tors parmi les encore hasardeux.

Lits de femmes inavouables passions jouissantes
tout épuisant désespoir
seul jusqu'aux vieillissantes injures-jeunesses
lorsque le cœur-laideur se souvenant bruisse

de peine ivre maîtresse
vicieuse d'absence le long des bonheurs fugaces
pour les amours féminins changeant sans cesse de place
d'hommes si beaux parfois si sots maladroits voyageurs-passeurs
le temps d'un amour infidèle envers ces femmes-jouissances
que le cœur-laideur souvent à regard fuyant
n'ayant aucune rancœur contre l'amour véritable
quand il voit l'amour disgracieux entre ces deux êtres
amants-amours en leurs vies-injures d'amours sincères.

INDIGNE

Indigne d'un souvenir qui ment aux lueurs
espoirs des lendemains pluriels assassins
aux mélancolies-ivresses en largesses
par les sentiments si les voyelles injurieuses
pour l'envie d'infini
la vie l'amour-liesse
vers toute absence charmeuse
qu'un soir sans rêve
pluvieux l'espoir matin n'est rien
dans ces folies meneuses entraînantes.

Voyageuses indignes par les longs avenirs
chagrins enflammés
vie-prière d'en être ailleurs
du malheur indécent ou nue d'amour sensuel
est maudit le temps des femmes-promesses
adresses promises à la véritable tendresse
abandonnée les jours venus filants
aperçu soudain d'une fin mise en détresse
venteuse acquise.

Mise à tort de sentiments amoureux indignes
Lorsque l'insulte féminine
ose l'aventure d'amant passager
en ces nuits-différences
tumultes mélodieux sous les rêves
enchanteresses pour causes explosives des colères
venues quand la belle n'est qu'une putain
pour la douloureuse tristesse entière
dans la vie infidèle aux amours pleurages durant.

Sous le vent foudroyant
courage infirme à l'indigne passion chahuteuse
sur l'amour en fermeture des rêves orphelins
qui s'en souvient lorsque tous les jours brillants
étaient sentiments amoureux joyeux.

INFÂME VIEILLESSE

D'un jour soupirant ou temps d'une infâme vieillesse
me sera dit lorsque plus que mon amour-jeunesse
n'usera toute l'audace connue
de promesse déconvenue, de longue folie
évadée des espoirs-baisages qu'aux sorts de mes encore écrits
j'en ai fait des voyages plaisants dans un tendre délire imparfait.

Amour sans lendemain vers l'infâme vieillesse
qui m'en jure d'une mort osée toute cruauté indélébile
silence délectable pour une raisonnable image
dans mes soirs offensants
espoirs de mises hasardeuses, manipulatrices-tendresses lointaines
inconnues passions armeuses dangereuses.

Blessure qu'une vie mienne infâme vieillesse
j'en serai soumis
jurer innocence des souvenances charmeuses
en trêves rêveries émiettées de n'être connaissant
minable misérable fois pleurages-mensonges
envers ces détestables mensongères
hôtes de ma tristesse insultante
dans mes ivresses espérances nues.

Venues envers mon infâme vieillesse certitude
même parmi l'acquise mélancolie chantante qui fatigue
d'une jeunesse éprouvée ne me sera jamais au grand jamais
oubliant du délire sensuel
écriture montante
attente envers l'entendu songe amoureux
émerveillant près d'une conquise pucelle enchanteresse

à mes mots douteux afin qu'elle me soit toujours
tendre maîtresse permise lors de mes nuits d'outrageuses solitudes
d'orages dommages
d'abandons dansants sur le long égarement
menteur avant que je ne sois plus fidèle
vivant de son amour-jeunesse.

INJURES CHARMEUSES

Lors d'injures charmeuses
temps de ma peine à vivre pour l'amour-bonheur
ne venant par hasard
il me semblera toujours une longue tristesse
des années passées qui me tuent
en ces lendemains chaque fois pareils
de mon âme vivant l'insolence
des belles aventures amoureuses interdites.

Qui m'en était d'écrire leurs charmes à mes rêveries bruyantes
pour conserver en souvenir l'injure charmeuse
de ces promises infidèles
en mon attente fatigante pleurante d'un espoir
avec l'une d'entre elles
jours des jours inutiles, murmures fautifs aux nuits accusatrices
de leurs beautés jouissantes
j'en suis le parfait coupable d'être déraisonnable jusqu'à ma fin.

D'en être libre par ces amoureuses sans espérances
injurieuses, charmeuses, abandon d'une nuit outrageante
consumée trop de fois dans les hasards
si violents violeurs qu'une indifférence semble
lorsqu'elles tremblent dans les soirs sordides
de mes espoirs ivres de haines à les mentir sous des allures vengées.

Ces moments infâmes d'attentes toute ma vie
de ces belles injures, charmeuses blessures
insolences d'un amant passager sur leurs corps excitants
d'avoir la chance d'être beauté
si mal aux désespoirs de ma laideur extérieure

acquise sans voir mon intérieur où mon cœur se meurt
de ces tendres soirs de mes rêveries inconnues
pour ces instants d'injures charmeuses
qui me vacarment l'esprit
tant de jours et tant de nuits.

INSOLENCE CHARMEUSE

Souvenance d'une insolence charmeuse passée
jouissant en ces offensantes nuits brûlantes
qui embellit ces rêveries d'amants inconnus
dans l'ombre des silences insensés
d'en croire leurs amours fiévreuses
aux imprévus chagrins élancés
qui d'une longue vie d'offense s'embrume dans l'oubli.

Femmes si belles
incorrigibles insolences charmeuses
pour un souvenir-tristesse épuisant
sans fin quand ces belles appartenances sensuelles
se font longues distances injurieuses
sur leurs visages en insultes-délits.

Murmures pleurants envers ces insolences charmeuses
armeuses envers la douceur des laideurs-voyageurs
qui d'un amour sans leurs dires
passent leur temps en rêveries merveilleuses
possibles vis-à-vis de leurs refus cruels et infâmes
lorsqu'elles semblent joueuses d'amours
et paraissent sous les ombres-émois voyants.

Par trop de pleurs en cause d'insolence
charmeuses assassines
qui durent le temps d'un été
puisant aux épuisants écrits
mourants des feuilles accueillies
lors d'interminables amours
restant dans les cœurs-abandons

toute existence dite
quand les passions heureuses, amoureuses
naissantes parfois sans vie
si scandaleusement lorsqu'elles envoient
le refus de ces insolences charmeuses
naît alors la tristesse pour longtemps
très longtemps.

J'AI ENCORE ENVIE D'ELLE

Au grand silence de ma peine immense
je ne veux qu'elle tout ce temps de ma vie où je pleure d'elle
à chaque lendemain pour un chagrin
venu vers tant de mots inutiles, habituels
afin d'avoir sa présence en mes amours
sans la moindre chance d'une longue vie fatigante.

Habitude chienne dans son absence qui me fait trop mal
je ne peux continuer à vivre loin d'elle
j'aimerais partir pour toujours de cette putain d'existence
me libérer de mes chaînes pleurantes
à cause d'elle si belle et que je ne peux aimer.

Alors face à Dieu
je dirai mon amour insensé pour elle qui m'a fait trop de tort
épuisable à la regarder sans pouvoir lui dire
la raison de mes sentiments amoureux
en larmes tellement qu'elle est belle
passion de mon cœur fatigué à l'aimer sans espoir
j'en jurerai à Dieu
d'avoir toujours envie d'elle
malgré ma faiblesse à ne plus supporter la vie sans elle.

Car si Dieu me comprend
j'aimerais qu'il me donne une autre vie avec elle
près d'elle, rien qu'avec elle
j'en espère au plus vite la réalisation
car je ne veux qu'elle, je n'aime qu'elle
ma vie m'importe peu quand je suis loin d'elle
ma raison de vivre aux ensoleillements d'un espoir possible.

Rêver d'elle, j'en rêve
même d'avoir sa beauté exquise pour mes promesses sages
d'ivresses sauvages lorsqu'elle est de passage
de mes pleurs mourants d'une folie
de m'en aller vers l'ailleurs paradisiaque
que j'entreprendrai un jour en silence
afin de ne plus supporter la peine de l'aimer
à lui dire qu'elle ne m'aimera jamais
puisqu'elle est la belle d'un autre bien plus beau que moi
qui suis laideur de son amour insupportable
d'une souffrance qui habite toute ma vie
de son indifférence à voir que je souffre d'elle
d'amour à en mourir.

Jalousie

Traîtresse jalousie sensuelle veut de chair perdue
aux infamies vécues, esclave soumis tout un moment
vie-baïonnette, cette longue insolence prenante
qui droit à ces regards tueurs par tensions-insultes
sur l'amour-prison des évasions rêvées
en éclats-injures le long jour des scandales furieux.

Mots bruts, prix d'une jalousie cruelle
lutte intense vers la liberté réclamée
espoir respirable des temps paisibles
du tranquille sentiment d'avoir la paix
merveille fidèle, jour inconnu sans dérangement conçu.

Qu'un amour mort cause tant de charme
enflamme la jalousie
l'instant orphelin ou la joie insouciante
sans cassure
tout semble une promesse-tendresse
admirable, nue
consentante en passion incontinente
entraîneuse passante vers les envies dégradantes.

Nuits imprévues, jalousies plurielles, perfides
lorsqu'un hurlement exportable assemble l'accusable folie
chahuteuse, dormeuse, vicieuse, dangereuse
par la souveraine bataille
débandade de respectabilité amoureuse
envie absente
quand un bruyant soupir jouissant merveilleux
n'est qu'aux souvenirs lointains.

Espoirs omis dans un vacarme singulier
silence d'une jalousie d'âge en fuite
ravage sur d'autres rivages
extraordinaire solitude, charmante belle
nouvelle sans fracas
sentiment désordonnant en cette rage soûlante.

JE NE SAURAIS DIRE

Je ne saurais dire aux absences infernales
ton amour qui me manque d'un écrit maudit
pour quelques mots sans raison
aux feuilles outrageantes
des peines souveraines dans mes tourments
à ne voir ton souvenir incessant les jours menteurs
où ton image m'est pleurage.

Toute mienne de vie qui vaut silence amoureux
par l'orage foudroyant lorsque mon chagrin indécent
ose à temps de mes écritures d'amours orphelines
que je ne saurais transcrire mes délires désirables.

Sur mes désespoirs à te voir encore
j'en inscrirai tous les torts
parmi les instants d'une violente infamie
où je ne saurais dire pourquoi je t'aime encore
alors que tu es absence-mélodie mélancolique
symphonie d'insulte pluvieuse
nouvelle présence d'amoureuse
cause faite évidente
de m'en rendre par ton souvenir oubliant.

Par usage d'années filages
que j'ose d'autres silences
d'une errance vagabonde, charnelles jouissances
que tu me seras maîtresse infidèle
vers l'oubli brillant d'une belle passion enivrante
en mon cœur endommagé
fautive existence de t'avoir aimé comme un ignorant fou.

Mourant sous mes blessures par toi
je n'en saurais dire toute ma haine de te maudire
durant tant de fois, de peines
où je t'ai amoureusement songée
pour en finir chien d'amour errant de toi
insignifiante beauté mensongère.

JEUNESSE D'AMOUR ÉPHÉMÈRE

Jeunesse d'amour éphémère
souvenance, passeuse au temps scabreux
vers de si belles rimes mélancoliques
traduites le long des absences infuses
amoureux transits outrageants
lorsque l'orageuse convenue promise
n'est que mise-vie sans espoir venue.

Traîtrise tristesse
quand la jeunesse d'amour éphémère
envie les nuits-solitudes où la voleuse-maîtresse
abusive, hasardeuse rêverie, aimante ombrée
sous une pluvieuse attente
la pucelle se fera toujours silence âgé
insoumis viril en exil.

Connaissance menteuse
sûre de jeunesse d'amour éphémère
les années-distances, différences soutenances
infernales danses inexorablement en ces peines
nuits d'habitudes, catins-souvenances enragées
qu'après les folies usées
n'auront guère d'importance en ce jour certain.

Ravageuse passion en fuite
lorsque la décadente jeunesse d'amour éphémère
désespoir exposant
osera tant de colère soumise dans la raison exposée
la trahison sensuelle
l'amour-violence sous le brillant regard

éternel vagabond, amoureux subalternes
sentimentaux vauriens
auprès des extraordinaires soirs outrageants.

Envolées inconnues
aux tendres jeunesses d'amour éphémère
longtemps le silence fumeur, rêveur, charme d'un instant
femme-abandon soumise aux aventures sans lendemain
amour qui rayonne de l'épuisement d'une vie furieuse
douleur narquoise, brûlures encrées
d'une jeunesse d'amour éphémère
insolences tracées toute une longue éternité
pleureuse, souffrante jusqu'à la vieillesse acquise
délivrance reposante et tant souhaitable.

JOURS DE FEMMES

Jours de femmes-voilages
dans d'extraordinaires voyages lointains en leurs désirs
des injures nuits de sentiments, furies-folies
vers d'envieuses souvenances aventureuses
d'une éternelle jouissance
passante mensongère
mélancolique le temps-délit d'un regard voilé.

Que de jours de femmes-insolences
brûlages n'est pas tant l'ivresse d'un mot
pour être sot sur les cours fantasmes
retour d'envoi chagrin vers les passions orphelines
réclamant en leurs amours volants
et passants des sentiments de rien.

Lors de jours si femmes
belles escortes, désespérances
écritures-peines sur d'immenses papiers
d'outrages, de pleurs insoumises et silencieuses
dans de lointains hasards
joies apparences
infimes apparences de bonheurs libérateurs.

Espoirs certains lorsque ces jours de femmes
d'encore brimades s'envolent vers d'injustes passions
brouillardes nuageuses, pluvieuses raisons, injures
quand sans espérances écrites elles semblent absentes
vies détresses, tristesses tendresses
comme autant de S.O.S.
dans les voix entendues d'aimants attendus.

Sur l'effort jours de femmes
voyageuses sensuelles, fugueuses en trop d'années
où elles sont tant de tentations, de belles apparitions
languissantes, larmoyantes lorsque leurs jeunesses furieuses
ne sont qu'images ravisseuses pour un amour-abandon
envers les cœurs sans courage
accusés d'être de pauvres cons
et souvent jetés comme des moins que rien
en l'amour de jours de femmes
belles ignorances qui passent
auprès de leurs regards emprisonnés
d'interminables larmes à leur dire en thème
des je t'aime propres à leurs ressentis
et qui se retrouvent en prison d'émois si longs
car ils sont pour ces belles laideurs répugnantes
à leurs amours d'amants si beaux.

LA VIE VOLEUSE

Menteuse insoumise d'en la vie voleuse
Pleureuse de toute rage larmoyée
qui âgée de ce temps-jeunesse
chargé de haine brutale
charmé vers la raison
trompé aux inconnues passions délassantes
de l'amour pluriel
mélodiques sentiments
mensonges trop entendus
et espoir trop attendu.

Le jour-tour des silences rêveurs
quand la vie voleuse n'est que longue indifférence
mal différence
tempos bruyants d'un vacarme-insulte
à chaque passion-injure dans un bruissement insolent
charnel soufflant le bonheur chanceux.

Prix coûtant d'une vie voleuse
charmeuse qu'elle s'en bise sous une houleuse ivresse
sensuelle dans la larme ruisselante
folie amoureuse qui ne vaut rien
d'absence de pleurage
et enfer des espérances douloureuses
attentes foutues dans l'instant malheureux.

Mot-tristesse emporté
des adresses tendresses tactiles
vie voleuse entraîneuse
d'avance vicieuse tueuse des ternes lendemains

obligeants-désobligeants
imparfaits passeurs en passants insolents
sentiments foutant parmi les danseurs envieux
encore silencieux.

Sous la lumineuse rêverie enchanteresse
que la vie voleuse présente s'en abuse
s'en accuse toujours fièrement
d'hypocrisie pucelle le long des cours fantasmes infâmes
femmes-jouissances dans les nuits insolvables
insolences vendues à l'amoureux défendu
sur de longues pages filages
outrageuses mélancolies symphoniques
pleurages incessants.

L'AMOUR À LA VIE

Tout l'amour à la vie
folie merveilleuse
sera d'un temps heureux
lorsque le sentiment fiévreux intense
en amour-bonheur jaillira
en cette douce réalité tranquille
qui embellira l'espoir-veilleur
d'une mélancolie entraîneuse
devant les absences pleureuses d'un départ.

Ou quelquefois l'instante solitude
Ombre, grande espérance amoureuse
vers l'amour à la vie joyeuse
tendre pleureuse, silencieuse
des haines malhabiles
trop faciles pour une souffrance
toute faite aux invisibles courages sentimentaux
exilés des passions heureuses durant tant d'années.

Faites-en fêtes des âmes
délits qui en l'amour à la vie passés
se donnent envers l'enfer des insultes
injurieuses entendues
sans inquiétude ils foudroient l'espoir de croire
sur ce long chemin d'existence
tout de vacarmes et de drames
pour une espérance brillante
aux providences interdites
et réalisables sans mensonges.

D'amour à la vie courante
jusqu'aux bruyantes passions étendues
attendent la sensualité confiante
dans les sentiments murmurants
revues de tant de voix hurlantes
lors des soirs orphelins
ou pires silences défendus
qui s'envolent à l'usure chanceuse
des lendemains vivaces
d'une promesse féminine amoureuse
sans adresse parmi ces regards-solitudes
tellement fatigués, épuisés d'attendre
l'amour en leurs tristes cœurs.

Larmes, larmes

Larmes, larmes innocemment injures pour sûr
d'une absence voleuse aux sentiments mélodieux
si tristes qu'une ombreuse tendresse
n'avouera les passions charmeuses
ni les rêveries amoureuses d'une sensuelle envie charnelle
ne sera que croix à croire une longue aventure
heureuse vers un espoir infini.

Tant de vie remise que larmes, larmes infâmes
raisons et femmes désirables
n'est sans passion soupçonnable
trop de temps filant en mots d'amours-chagrin
si rien des réveils habituels
solitudes et songes d'extases permises
n'aura brulé ces âges-jeunesses
quand la louable vieillesse-sagesse
n'osera plus la jouissance indécente.

Danse prise pour un drame
toute faim chahutée par la belle ravisseuse envolée
qui, larmes, larmes toujours
au cœur fragile enverra l'outrage
pleurant auprès d'accusant amants
prétendants la longue folie déraisonnable
l'envie passée d'une immense existence infidèle
maîtresses-pucelles.

Houleuses inconnues
qui d'une vue-insolence sur l'importance amoureuse
grâce de leurs beautés exaltantes

souvenances fiévreuses pour une vie malheureuse
mort attendue dans l'impatience connue
sous une parure diablesse tel un orage
dans le lit orphelin empli d'outrage bruyant.

À larmes, larmes embarquées sur de délirantes promises
sans ombre-promesses qu'aux corps entendus
de voyageurs-passants dans leurs hurlements
brillants fantasmes, pléonasmes vers l'exquis silence
l'autre vacarme ébranlable
qu'elles en finiront souvenir détestable
ce jour où elles ne seront plus les belles aimantes
d'amours, d'émois pleurants, emprisonnants.

LENDEMAINS

Lendemains amoureux solitaires
n'envient rien, espoir pluvieux qui ne doute
a entendu les voix de charmeuses maîtresses
toute souvenance envolée dans un amour désordonné
lorsque la tempête sensuelle n'est jouissance
beau drame, belle dame, autre qu'aux jours-supplices denses
vers des danses mélancoliques, orageuses, nues et inconvenantes.

Tendresses si ce mot
aux lendemains pluriels d'une infidèle
à l'étrangère promesse attendue, le long des cris défendus
qu'il n'en faut supplier l'éternel repos
sous l'injure symphonique des grandes peines voyageuses
quand durent les vies solitaires
où l'image charnelle abuse tout rêve innocent pleurant.

Toutes ces nuits venues
que telles femmes-insolences elles usent de douces folies
impatientes sous d'ombreux âges
en dépucelages jeunesses, sordides envers de tristes vieillesses
sans lendemains
filages, fumages en ces temps fuyants
en espoirs-putains
sensuelles, divines quand l'insulte aux femmes douteuses
d'amours-ivresses semblent des jouets.

Dangereux mots, amants de songes
lorsque tant de lendemains voyageurs
osent l'adresse amoureuse
sans retour de ces princesses mélancolies

souvenances des envies fantasmagoriques
reliques d'amours-tristesses
de tendresses résignées
le long d'espoirs fatigants
sans lendemains.

Les amants d'ombres

Les amants d'ombres amoureuses voilent
l'injure soupirante aux sombres nuits d'une trêve mélodieuse
vers l'espoir
l'extase embrasée si la tendresse de l'écriture charmante a oublié
que le silence foudroyé use ces passions tranquilles
en files d'instances pleureuses, malheureuses
souvent bruyantes d'absence.

Aux amants d'ombres, voyageuses faciles pour chagrins dociles
grand espoir, exil des mots-douleurs
ne valant rien d'une vie filante
après tant d'années d'épuisables blessures sensuelles
d'envies comme autant de drames-vacarmes misérables
tous des jours inutiles.

Qu'aux fonds les amants d'ombres brillantes
s'en mêlent de rêveries-douceurs
entendues parmi les folies déconvenues
sur les tempos mélancoliques en symphonies sauvages
corps à cœurs dommageables en syllabes entraîneuses
passantes d'outrages, insoumissions d'âges, ivresses tendues.

Mis de temps en rages si les amants d'ombres
n'en seront aucune excuse sans les larmes brutes
d'armes-femmes visiteuses pour d'inscrivantes raisons
désespoirs et peines foutoirs
dans les passions en tenues de scandales
en port d'encore d'accord enchaîné sur des amours libellés
sur tous les fantasmes imparfaits de sentiments soumis.

Dans l'accent mal menant pour les amants d'ombres sages
pardonnés de n'être qu'offenses charnelles
dans tant de hurlements, d'ouvrages éprouvés
en l'attente des belles promises restantes
sans haines vicieuses, douloureuses, douteuses d'amours brûlant
les jours de chaînes haineuses
d'une existence hargneuse
tous d'un temps admis.

Lettre de rupture

Adieu, amour d'une existence sans passion où j'ai semblé sans raison vous avoir charmé dans une servitude ignoble. Je ne saurai jamais combien d'années mon cœur souffrant de vous a adopté l'ivresse des injures, quand dans mes tristesses vous passiez sans même me regarder, alors que je n'attendais que cet égard pour exister dans votre amour, dans votre regard.

Alors que je vous écris cette lettre de rupture, mon sentiment amoureux pour vous qui apostrophez sans cesse mes longs désirs jouissants attend en ce chemin, vis-à-vis de ma vie qui ne vaut rien, moi qui ne suis que voleur, voyeur-laideur méprisable de votre beauté subliminale, quoi qu'en disent certains de vos ex-amants chanceux d'avoir écrit l'encore en vos amours frémis sur le sable.

Belle souffrance d'en croire toujours avant le mot fin apposé au script de mon existence perdue que votre amour merveilleux, si doux, durant année après année. Sachez que j'en espère la réalité un jour, une nuit, quand je rêve que vous m'aimez réellement dans l'effort de mes dires hurlants silencieux à la vue de votre charme.

Scandale et peine des mots de ma lettre de rupture pour que je puisse vous quittez sans un regret, car de vous voir belle et insensible à mes SOS d'amours, j'ai tellement pleuré que je n'ai même pas voulu en finir pour ne plus jamais vous revoir, pour ne plus vous aimez à en perdre raison.

Alors, adieu mon amour, fantasme durant mes solitudes chagrines, d'avoir attendu votre douce tendresse sur les bords de mon extase, furieuse folie d'avouer tant de violence aux silences de vos hurlements amoureux, souvenances d'un plaisir égaré sur l'esquisse de votre corps que j'ai tant dessiné en mes délires d'insolent puceau. Face à vous en ma nuit, de vous avoir offensée, outragée en rêverie lors de tous ces soirs entendus d'en être l'étalon vagabondant sur vos cris plaintifs de joies, où encore et encore mes hurlements s'en mélangent contre vous.

Voici donc que ma folie de vous se meurt aux âges d'autres rages, exquises féminines d'amours-vérités pour mon cœur rempli de vos mensonges. Je vous aimais absurdement, éperdument, comme un pauvre fou faisant n'importe quoi pour que vous me regardiez, pour que vous m'aimiez tout simplement. Alors j'espère que ma lettre de rupture pour vous sera la certitude de ne plus me voir aller chercher ailleurs un autre pitre qui vous bercerait d'illusions fantasmagoriques pour vos sentiments amoureux glaciaux à l'égard des regards purs et innocents.

Adieu, adieu pour toujours gente dame de mon amour souffrant, soyez heureuse dans votre haine à l'égard de mes amours sincères pour vous.

LIBERTÉ

Liberté passée aux sensations
rêves qui, brèves de passions, ne sont que rêves bidons
dans une vie à la vitesse des SOS
amoureux largués fantasmagoriquement
d'une tendresse sauvage étrangère, venteuse, autrement dangereuse
passante folie, ivresse douce dans ces émois prisonniers.

Où la liberté hurlante
Liasse-voyage facile écrite sur ces parchemins ombrés
des solitudes-tristesses
fesses meneuses, folies mélancoliques dites.

Pour une liberté respirable
d'ailleurs trop cher désir qu'aux voyages admirables
consumant dans les insultes le culte éhonté
grandeur dans les sourds plaisirs aventureux, silencieux
lorsqu'en fronde
des habitudes-plénitudes dérangent l'évasion-bonheur.

Le libellé a pensé liberté
ce mot fatigué d'un long chemin parjuré
d'un sentiment cassé d'existence infidèle
raison joyeuse quand l'envie de nuit fiévreuse
n'est qu'une trace pleureuse
vers tous les lendemains du temps assassin.

Les vies de libertés fendues
sous les courages attendus
entendus dans les silences envolés
vers des rêveries fossoyées par des lourds toujours venus.

Parmi la liberté vagabonde dans ces haines en badges
des tristesses sauvages sur les raisons en déconfitures
passions aventureuses sous de fortes envies
éditées lors d'outrages-pleurs d'extraordinaires ailleurs
bonheurs tendres, amours sans misères
au jour des jours inconnus.

Lui ressembler

Ressembler à cette femme-drame de mes silences
qui n'en connaîtront jamais la douceur lorsqu'elle passe
décadente insolence en rêveries jouissantes
lors d'une mienne nuit outrageuse
par souvenance furieuse
quand elle est mélodie voyageuse
aux croix que son corps m'en jette un sort.

Toute d'elle j'en serai folie douce
pour n'en garder que son soupir
vers cette habituelle pause d'un chagrin certain
quand elle est différence amoureuse
de mon regard peine à la mentir
d'autres plaisirs sur ces longs murmures interdits
qu'ils m'en étaient tant d'ivresses
dans ces mélancolies-blessures de mon amour d'elle.

Je n'en saurai jamais la cause
dans ces tentations acquises
à m'éprendre de ses délires
pour acquérir sa ressemblance
dans l'autre existence permise.

À toutes injures charnelles
lorsque la mise d'une fin
m'en dit de ses allures mourantes
avide d'en réaliser mon fantasme idéal
et d'une souffrance en fuite lorsque près d'elle attirante
j'en suis l'homme coupable aux incapables misérables
pour des charmes appartenances d'une éternité.

M'en saurait tenir quand son image
vers les instants d'habitudes vicieuses
ravisseuse me pousse à l'offense bruiteuse
d'un espoir convenu
tenue à mentir, presque parfaite
en ces folles envies silencieuses lointaines
j'en sais ce doux moment impatient
cette très longue attente entendue
dans ma vie d'homme qui finira bien un jour
par l'accession au bonheur intense de lui ressembler.

MA CHÈRE ET TENDRE

Passer de vos regards et oser l'amour merveilleux
qu'il m'est donné de m'en souvenir
dans mes bonheurs intenses
où je vous aime comme au premier jour de notre rencontre
mélancolie inexistante
où mon cœur joyeux semble vous aimer secrètement.

Sans mots insolents
j'en écrirai mes passions d'être l'amant silencieux et heureux
quand votre sensualité me ravit l'esprit
en mes espoirs brûlants d'avoir la raison courageuse
d'espérer vos amours inconnus
de frémir ma vie brillante de milles joies
à la pensée d'être envié par vous
seulement nous deux contre ces mensonges pleureurs
j'en combattrai leurs dires assassins
pour avoir l'honneur de vous garder
tellement mon immense amour ne peut s'en détruire.

Ô Dieu, je vous aime si fort
à en devenir heureux
où de mes nuits voyageuses
votre beauté sensuelle m'est autorisée
à mes mains baladeuses
sur votre corps que je couvre de baisers doux
jusqu'à l'épuisement d'une grande faim qui m'en étreint
par vos bras enlacés autour de mon corps
sur le vôtre pratiquant des va-et-vient insolents
afin de vous entendre gémir
en vous regardant dans les yeux.

Car trop belle irréelle vous m'êtes
je n'en choisirai pas d'autres folies
que votre charme jouissant
ma fidélité vous est acquise et toute ma vie
ma chère et tendre amoureuse
d'un temps ensoleillé
en mon bonheur de vous voir si belle
chaque jour qu'il m'est donné de vivre
soyez-en remerciée.

MARIE DE MA VIE

Marie de ma vie
solitude amoureuse, pleureuse
que je ne suis de mes soudaines tristesses voleuses
lorsque ton image m'est une lâche peine entraîneuse
une vie chienne immensément injurieuse.
Souvenance de toi dans mes larmes amoureuses
incessantes ivresses d'un émoi
coupable de tendresse menteuse
d'oublier à jamais de ton amitié qui me foudroie
loueuse joyeuse
fin d'en être faim en toi, toute ma tendresse éternelle
voix peureuse
sans années à t'appartenir juste le temps d'une tendre nuit fugueuse

Marie de ma vie
avide ta passion m'en serait-elle maîtresse coupable ?
telle de ma souffrance
d'avoir trop osé ta bruyante beauté respectable
dans mes ivres sommeils, comptoirs d'amours
d'amants si misérables
fou d'en passer mes nuits en larmes
sur ton doux souvenir insupportable
dont j'accuserai mon existence
sans te revoir un instant raisonnable
sur les tempos d'accords d'encore
où tu me serais l'amoureuse admirable
qu'être de mes écrits-mélancolies
en mes tristes passions déraisonnables
lorsque je pense à tes tendresses
qui ne me seront longtemps qu'indomptables

Marie de ma vie
sache que le thème de mes *je t'aime* adressés
à ton image d'amour défendu
s'écrit avec mes mots-chahut
pour n'être point sage face à notre belle existence déconvenue
d'orages-larmes dans mon cœur innocent
lorsque tu m'es rêverie à grand corps perdu
sous mes pensées d'émois-amours
à toujours en savoir les bestiales convenues
que t'en dire quand j'ai hâte de te revoir fortement
avide d'une de tes envies inconnues
ajours courants
comptant sur mes pleurs de toi ma toute scintillante rue où j'ai su
l'amour, l'amitié de mes fautes
devant tes ignorances cruelles qui me rendent si inconnu
en ton regard-bonheur
sur mes manques de toi où toujours j'attendrai ta douce venue
même si ce n'est qu'à ma mort connue
tu en seras toujours ma grande impatience nue.

MATHILDE

Je t'écris cette lettre pour te dédier ma souffrance insolente qui ne cesse d'être grandissante au jour de ton départ où j'ai essayé maladroitement de te prouver ma valeur qui je pense aurait peut-être à ma douleur-colère su t'expliquer que je voulais que tu restes.

Encore pour mon regard fatigué de te voir belle de jour en mes lendemains incertains où j'espère finir ma vie afin d'oublier ta beauté-larme, ces drames de me sentir chien dans la longue file du bout des tiens intéressants que tu trouves charmants.

Soit ! Mathilde, puisque tu es beauté infinie dans les interdits amoureux d'une nuit-solitude, envieuse d'apprivoiser l'habitude des rêves de toi aux cruelles réalités des lendemains-peines.

Orageuses incessantes quand je ne peux te le dire, lorsque sur mon chemin tu passes laissant la trace d'une intense tristesse injurieuse, avouable d'années d'autres souvenirs appréciables, loin de mon passé de toi où sûrement tu m'oublieras.

D'autres oseront les mots blessants sans te mentir, quitte à affronter tes pleurs brillants aux murmures silencieux. Saurais-je toujours te comprendre, même si tu es loin de moi ? Car en fait, j'aimerais ton amitié dans l'impossible espoir-raison d'affronter tes refus.

Mathilde, il est dur d'être un homme aimant, quand d'autres hommes succombent à ton charme qui sonne comme un plaisir malade à ma tendresse en cascade cavaleuse en ton absence-distance. J'en accuse les passions, dictons-mensonges à trop vouloir seulement me retrouver seul avec toi, juste pour un instant afin de te regarder à en perdre ma raison, m'enivrer de tes folies sans en dire un mot, et rester chien. Rien de toi, juste à te contempler toute ma vie. Alors, j'espère qu'un jour ce sera possible, avant ma fatigue-vieillesse d'une mort certaine qui m'attend au bout de ma destinée où l'honneur de ton respect m'aura fait tant plaisir et que j'emporterai avec moi, à défaut de me retrouver seul avec toi.

MÉLODIES D'AMOURS

Soirs d'orage pour te composer des mélodies d'amour
à t'aimer comme un fou dans ma nuit pluvieuse
aux notes trouveuses que tu m'inspires
à la pensée de ton amour j'en suis compositeur inspiré
toujours vers tes voyages aux écrits sages qui me font rêveur.

Sur mon piano tant de toi amoureuse
me viennent des mélodies d'amours-bonheurs si denses
cadence lente, furie criante dans mes sentiments amoureux
détenus sous ton charme qui m'inspire de trop doux mots
osant tellement que tu m'es belle
je t'aime à vivre sans peine incessante d'une joie étincelante.

En fête d'en composer de ces mélodies d'amours-douceurs
bonheur en toi, en moi
pour autres heureux, jaloux vibrants
à l'aurore si j'ai tort
quand tes tendresses m'appartiennent
toute ma vie à te dédier mon amour mélodieux
l'expression de mon bonheur chérissant.

À toi, j'en écris de ces mélodies d'amours
inspiration en mes chances de toujours t'aimer
pour des jours heureux, des lendemains-bonheur
illuminant d'être en ton amour chaque matin à l'aube
de mon réveil entre tes bras
et ta douceur enivrante sur mon corps
j'en ose les pensées d'encore
si fort amoureusement d'un moment rien qu'à nous.

Pour ces mélodies d'amours à t'écrire de ta beauté sensuelle
ces merveilleux exils avec toi
que j'en ferais vers une lointaine mélancolie-injure
de vie face aux sentiments-chaleur d'amours transis
nous partirions à n'en plus revenir respirer le meilleur
libre de t'aimer sans honte
remise aux toujours d'une vie rien qu'à nous deux.

Mon amoureuse

De vous mon amoureuse
l'infini grandissant semble un espoir possible
à la vue de chaque sort encore qu'il m'est permis d'en frémir
lorsque votre présence abuse de mes silences-jouissances
des lendemains où je ne suis ni voleur ni menteur
en ces vastes nuits aux amants imagés
dans vos outrageuses rêveries hasardeuses.

Tendresse-liesse quand l'ombre-tristesse, maîtresse désirable
par un temps admirable qu'aux sons de mes cris
je survis lorsque vous, joueuse exécrable
vous faites mon minable chagrin
mon amoureuse étrangère et distante
dans mes sommeils plaisants et solitaires
consumés dans une cause accusable
et cependant jamais acceptable.

Car la belle ivresse fuyante disparaissant
souvenir de vos sages délires bruyants
me sera toujours le goût de votre absence infâme
avant mes sommeils trompeurs
où d'autres femmes sensuelles, charmeuses, désireuses
oseront les outrages injurieux de vous mon amoureuse.

Grâce insolente devant mon regard voyou violent
d'être un pauvre fou incompris
quand la sexy mélancolie que vous êtes
sur mes furies-vengeances par vos menteuses passions vicieuses
dont je semble féroce, bête emprisonnée toute ma vie
en peine de vous mon amoureuse scandale.

MOTS D'AMOURS-RÊVAGES

Mots d'amours-rêvages pour une belle femme
d'une tendre souvenance voyageuse
aux passés des jours habituels sur les flots mélancoliques
lorsqu'à se résigner, à ne plus espérer mes tendresses
ton adresse murmure l'effort à l'âge où l'espoir existe encore.

Qu'aux mots d'amours-rêvages pensifs
à cette femme sensuelle comme l'excuse d'une passion-brûlure
comme un fantasme-délit de chagrin
vie folle, ivresse que les nuits insultantes hasardent
vers mes silences osant
lorsque je m'en éprends
sentiment violeur après que son corps a anéanti l'espoir.

Bavure en ces mots d'amours-rêvages
sous ces temps fileurs
navrants d'une sensation d'elle
insensé survivant des violences coupables
lorsqu'elle me rend l'injure de l'âge attendu
en ces années perdues où sa douce sensualité
à mes faims devenues étaient l'image passionnelle et troublante.

À force d'une raison-évidence, de mes mots d'amours-rêvages
cette belle femme en a fait un immense volcan
outrage incessant d'envies donnantes
quand j'use mes voyages, ternes insolences
sans éternels chagrins-souvenirs
vers ces oublis d'autres de mes passions jouissantes, chahuteuses
par ces ombres charmeuses, venteuses, douloureuses
sur mes chemins-envies tardifs.

Sensuelle à mes mots d'amours-rêvages
cette belle femme en sera toujours l'injuste amoureuse
prêteuse des excellents sentiments, magnifiques
sur tant de plaisirs envolés
lorsque mon cœur s'abandonne aux souvenances de son image
merveille qui me fit devenir amant d'elle
pour l'éternel d'une vie sans elle.

Mourir d'amour

Aux causes d'amours en pleurs
sur le cours de mes envies d'elle si belle
pour ne pas me sentir vivant quand Mathilde
si femme vers ce chagrin qui me prend
à la souvenance d'en mourir d'amour
par chance
un jour, une nuit où je veux d'elle
en mes amours-détresses, tristesses
dont ne subsistent que des mots-silences
lorsque tout de son absence me submerge.

Vie longue, longue souffrance
mon âme semble dans l'espoir interdit
qu'elle me sera rendue en mon ivresse d'elle
que je ne pourrais passer par l'injure insolvable
d'un autre charme
car je l'aime encore trop fort
même si le sort me condamne à pleurer son amour
quitte à en mourir afin de ne plus subir son manque
et si Dieu pouvait me rappeler auprès de lui
vite, très vite pour me consoler.

Rêves amoureux d'elle alors je pourrais dire
sans être coupable de sa passion ensorceleuse
ivre de peine lorsqu'elle n'est qu'attente de son retour
près de mes envies d'avoir ma chance
seulement avec ses regards-distances si éloignés
que j'en crois son indifférence
à me laisser mourir d'amour par elle j'émets ce souhait
puisque homme triste je le suis constamment

pauvre de ma vie envers son amour que j'espère un peu
et pourtant si malheureusement impossible
que je me demande si ma vie à un sens.

Causes d'amours d'elle j'en suis l'esclave enchaîné de pleurs
et si le repos éternel m'était offert
j'en serais le plus heureux car je souffre trop
de son amour loin de moi
alors mourir je veux et je le souhaite expressément
afin de guérir de ma tristesse amoureuse d'elle.

MURMURES

Mélancolies des murmures infinis où l'envie filante pose d'éternels rêves sans espoir aux nuits parfumées d'amours envolées vers des silences en détresse, des passions délaissées. Qui, aux jours des vacarmes, osera l'encore impossible par l'écrit sombre d'une promesse imagée ?

Houleuse dans ces murmures, chagrins volés lors d'insoumis regards sur les corps brûlants, innocences désirables, quand durent l'amour injuste et la tristesse, sous l'orage grondant d'envie, de douleur dans toutes ces nuits en solitudes-larmes, elle est la cause des sentiments ignorants à maudire cette image-blessure, cassure d'espoir si peu merveilleux, rêverie d'y croire quand le lendemain nouveau apparaît.

Laisse la trace des murmures en charmes qui osent l'interdit des femmes, pleurages quand les mots gaspillés de leur sensualité passée lorsqu'elles ne sont plus belles jeunesses, voleuses sentimentales et cruelles des visions futures, autres délires jouissants sans supplices quand elles deviennent vieillesse.

Souvent laides des amants passagers du présent, elles en connaissent solitude et tristesse prenantes ces soirs d'habituelles passions orageuses. Ces amants passagers du présent où se sont tu les murmures jouissants de ces femmes belles autrefois, n'oseront plus leurs regards affamés, car certains d'entre eux préfèrent une beauté venant du cœur à celle qui se voit de l'extérieur, et proposent d'injurieuses tristesses minables sur ces routes de vie de rien où s'inscrit un éternel chagrin souvent sans guérison à cause de ces belles femmes-insolences.

Des murmures d'amours à en perdre raison.

NOUVELLE CHANCE D'AMOUR

Nouvelle chance d'amour heureux
vers l'autre avenir, bonheur éternel, espoir grandissant
reflétant l'intense joie complaisante
car permise par l'existence angoissante
remise à un temps ombreux qui ne s'en veut point
d'élans joyeux et fulgurants pour quelques rêveries-orgueils.

Abusifs revers de nouvelle chance d'amour
en un jour opportun où toute vengeance haineuse
si mélodieuse que la souvenance-désespoir chagrinante
d'une vie de détresse s'éloigne du passé
et s'oublie dans une passion chanceuse.

D'explosion au mille couleurs féériques
prix d'une nouvelle chance d'amour illuminant mon cœur naufragé
lorsque permissif encore féminin sera un mot doux et réconfortant
pour cette aventure permise et acceptable
après tant de refus injurieux et de maux d'amour incompris
malheureux et toujours pleurant.

Voyageur vibrant à cette nouvelle chance d'amour
scintillant parmi la grande désespérance
messagère d'envie d'inconnues promises à un sentiment
perdant dans la louable tension malheureuse
d'en croire toujours la chaleur-excellence de l'âge attendu
et terni lors des éternelles mélancolies viables.

Jaillissantes pour trop d'espoirs écrits
d'une nouvelle chance d'amour
si la vie filante reste l'incomprise passion

marchandée honteusement en ces raisons-innocences
les espérances-rêvages sensuelles
que la douloureuse aventure a imposées
ont tourné au scandale.

À nouvelle chance d'amour imprévu
pour une vie déchue où le charme nu s'embrouille après l'amour
tellement déçu que ne dure toute envie de désordre.

Ophélie

Vie d'amour Ophélie
distance par mes offenses à l'ivresse-solitude
certes habitude des chagrins amoureux
tant en mon cœur injurieux pour des nuits-détresses
en mes rêves voleurs et voyeurs de sensualité envolée
les matins convenus d'être passeur.

Aux riens d'Ophélie trop belle écriture
Amour-voyage que je ne saurais l'outrage
d'un encore virage où j'aurais tort
de l'accusable pensée, fantasme qui me hante
lorsque moi simple homme de nuit sans Ophélie
interdite, amoureuse lointaine, j'en subis la faim à la fin.

Mienne d'existence à jour pleureur
quand mon amour pour Ophélie
n'est qu'absence cruelle
obligé pendant tant d'années de l'aimer.

Comme un fou mourant mensonger
de la présence intense, cadence d'Ophélie précieuse
en mon regard passé tel qu'elle me soit promesse amoureuse
en ma toute prochaine existence impatience
impatient je suis lors de mes lendemains
peaux de chagrins
ombrant cet interdit à fin d'Ophélie
qui m'en sera tendrement un jour
à conter en la raison éternelle et infâme
des justes sentiments amoureux peinant.

D'en devenir joyeux si près d'Ophélie
belle merveille à mon existence tracée aux solitudes d'envies
en son amour berçant ces jours d'attentes insupportables
insurmontables, espoir irréalisable d'appartenir juste pour un jour
pour toujours à la belle Ophélie
reine de ce mien fantasme, déchu, pleur en ma vie
d'une certaine mort sans l'avouable, l'acceptable amour
que j'en suis fini aux voix de son absence qui fait mal.

OÙ L'AMOUR

Où l'amour sensuel douleur intense
Jour après jour tristesses des silences
Orages qu'à femmes larmes n'est chance
Aux cœurs détresses qui sur les malchances
Hurle un autre ailleurs meilleur en simple danse
Pensives par mélancolies alcoolisées qui n'est transe
Des peines à vie sordides outrages envers les lances
Tendresse malapprise
mal comprise sur tant de distances.

Où l'amour insoumis
jeune patiente envers les pauvres mots sots
Voue d'un voyage raison
qu'aux lits rêvages pas très grand bateau
Entré d'évasion qu'il
d'autres belles plus douces à voix d'un anneau
Si brillant le long des plaisirs empaquetés
d'interminables faux beaux
Pour empalés jouissants sous extases désirables
moments à l'eau allo
Sans réponse d'amour réconfortante
les jours tangués trop bibelots
Femmes gentilles
promises aux âmes d'argents providences des zéros.

Où l'amour valeur
bonheur pour quelques espérances dortoirs foutoirs
Attendu les histoires fééries
en écritures délicieuses injures si d'espoirs
Sous des lendemains pleurs

pluvieux à sorts d'exprimer encore la mort à boire
Ivresses d'oublis les passées charmeuses offensantes
passions de comptoirs
À simples plaisirs amoureux brillants
brûlants d'une merveilleuse histoire
Sentiments désirables afin des peines larguées
sous les halles du beau soir
Affamant solitaire d'habituelles solitudes-jouissances
sur les rêveries, désespoirs.

PASSÉ D'UNE JEUNESSE

Au passé d'une jeunesse merveilleuse
le sentiment d'un meilleur bonheur chanceux
pense vers le cœur rêveur et insoumis
par l'existence future d'une injure continuelle
de haine-peine toujours présente
face à des mots d'amours fugaces
importances magnanimes en ficelle.

Qu'un passé d'une jeunesse heureuse
hante les malheurs infinis d'aujourd'hui
afin que jaillissent en explosion
de délirants sourires
soupirants d'amants sages
aux torts de solitudes étoilées
par les chagrins interdits d'une vue indécence
parmi toutes les larmes pour rien versées
à cause des charmes sans passion.

Houleuses détresses vers les sans réconforts
aveugles silences en passe d'un passé
d'une jeunesse en fuite sur les tempos
vieillesses d'arrivages, fatigues éreintantes
sur les torts d'y croire encore
quand l'amour n'est que mort
espérance et trop longue attente.

Par ces infidèles charmeuses
trop de vœux chers tant de fois criants
pour le passé d'une jeunesse amoureuse oubliée
sur l'instant dommage des passions pleurantes

violentes lorsque d'un refus bruyant
le sentiment amoureux n'est que malade
toute une vie parfois ne cherchant plus
à libérer ses cris-furies envers les tempétueuses folies
jouissantes de nuits tendresses prenantes.

En son désespoir habituel de solitude
chagrin voilé pour des jours d'habitudes
tristesses ivres de femmes-putains qui
dans le passé d'une jeunesse frileuse sur l'année fugueuse
auront pris en otages ces doux silences du bonheur parfait
des désillusions amoureuses
tant par leurs impertinentes beautés scandaleuses
qu'en ces hommes solitudes.

Plus à te dire mon amour

Plus à te dire mon amour silencieux
j'en perds espoir dans ces symphonies mélancoliques
où tant d'heures imparfaites sans délires
aux creux de tes murmures infâmes
qui me pousse à t'en vouloir
petite sensualité charmeuse et sans passion
délit-souffrance que je te souhaite.

Aux soulages d'un espoir-chagrin
pour ton regard infidèle
quand tu joues de l'amour avec une telle insolence
vers mon cœur en peine-détresse, toi, belle jeune promise
sans promesse à te confier mes je t'aime précieux
dans ces nuits d'habitudes-chagrins d'un lendemain certain
à t'en vouloir lorsque je te croise dans ma présence.

Tranquille envers ma haine de toi
quand tu deviendras laide vieillesse
par tant de courages amoureux que tu as détruits
du fait de ton insolente beauté
passage d'extase au mot de ta vulgarité
d'un amant d'aujourd'hui qui ne te mérite pas.

Puisque plus à te dire mon amour
j'en ai fait le deuil dans ma vie à te maudire
à espérer te voir souffrir jusqu'à ce que tu en pries
la fin-délivrance tardant à venir
comme moi j'ai souffert de ton amour
où j'ai espéré mourir un jour si vite.

Afin de ne plus croire en ton sourire
sur mes plaisirs de toi encore de fautes rêveuses
d'un instant menteur en l'amour de toi
entendu dans mes scandales
j'en oublierai l'existence
pour un bonheur plus beau, merveilleux
à l'effacement total de ta sensuelle beauté
image en mes oublis certains des âges venus
traversant d'un espoir amoureux et féminin
qui m'aimera pour ce je suis vraiment intérieurement
comparé à toi qui m'a toujours mal aimé ou pas du tout
passant ta vie à me faire souffrir
toi si belle et moi pour toi
une laideur abjecte et répugnante
sans tenir compte
de ma beauté intérieure.

Plus de mots

Plus de mots en amour
certain dans cette soudaine tentation, nuit aux outrages
corps emmêlant des cris insoumis comme une écriture charnelle
qu'une gêne-haine pourrait plaire autant lorsque les insultes mouillées
ne sont que d'autres silences-jouissances
vers ces aventures-rêvages irréelles d'amours vainqueurs
en douloureuses raisons d'émois.

Sur plus de mots mélancolies
lors des ivresses notoires qui ne soignent
ni matins chagrins ni vies infâmes
dames reçues pour des sentiments amoureux
et revues dans de lointaines phrases d'extases
abandonnées quand la peine, amen, s'en fait trop mourir
aux nues d'une femme
rêvages ravageurs envers les solitudes
ne valent rien d'habitudes de reines-mirages
à toutes les tristesses inconnues et voyageuses.

À plus de mots osant encore pour une piètre envie intime
le jour des orages filants où la sensation d'émoi tranquille
s'en dit d'un bruit meneur, menteur, qu'une passion-souvenance
d'un courage fini tremble dans l'insoumis passé en drame
si une femme est cause d'une souffrance éternelle.

L'histoire d'un silence a plus de mots-joies
lorsque l'absence bruyante abuse l'infamie
de ces honteux ennuis-blizzards qui d'une éternelle raison-sagesse
en sont les mensonges amoureux entraînants.

Plus rien

Plus rien des désirables souvenances
louables soirs-fabulations n'en seront écrits amoureux
aux faims des inspirantes sensuelles
courantes d'une rêverie-ivresse
par défaut honteux qui éveillent
raison et colère et furie
vers des pucelles d'impuissances aux drames voyants
toutes les nuits d'encore et sans importances.

Hasardeuses injures, plus rien d'armes bruyantes
crues d'une passion-catin mensongère
qui ne dure guère plus que le temps silencieux
et ose l'instant-merveille, la revue voyageuse
auprès des rancœurs d'intenses émotions charnelles.

Cruelles écuelles, passions fugaces
qu'aux certaines nuits chiennes plus rien
femmes-outrages, différences
ombres ravisseuses
injure éternelle d'amant
en mot d'absence pour un émoi
faïence-brisure des longs hasards insolents
sur le lit d'abandons naufragés et pensifs
tristesses interminables aux causes sexuelles.

Infâmes charmes, de plus en plus ne rien souffrir
tant pour la chantante complainte du lendemain
comptant pleurage lors de tous âges filants les soirs
en aventures indécences, femmes subliminales
scandales passions, visions entraîneuses.

À plus rien en dire qu'une telle insulte indélébile
sous l'ennuyeuse folie n'en sera le véritable oubli délicieux
d'une autre brûlure douloureuse de tendresse amoureuse
croyant aux murmures tragiques tendus
pour de merveilleux sentiments inconnus
qui d'une immense peine en grâce charnelle
insoumise volante sera la raison admirable
d'un grand amour espérant, hurlant un infini
jour sans interdit.

POURQUOI ?

Pourquoi tant d'amour éprenant ?
Ne m'est jamais acquis vraiment le temps
À une femme, onde de fantasme pleurant
En mon cœur fatigué, malade trop, mourant
Belles tendresses envolées éparpillées longtemps
Sur mes désespérances, ivresses d'enfants à néant
Larme par arme offensante des rêveries de sang
Bonheur chanteur sous l'encore de ma vie-vent
Qu'à la mort délivrance ne me sera commise à tant
Lorsque n'en pouvant plus d'infâmes nuits amants
Passeurs aux pourquoi des distances-jouissances étant
Écritures amoureuses et mensongères du fou fuyant
Malheureux que j'en sois d'être imparfait insultant
Pour trop d'amour heureux auprès de promises que j'attends
De mes attentes-impatiences, de trop de ma solitude amoureuse.

Profit d'amitié

Au profit d'une amitié hypocrite
pour un gentil con, insouciant aux insultes gentilles
d'un très long sentiment sincère méritant
qui en raison d'un passeur faux-cul s'en bat les temps pis
voit toute haine connue d'effacer cet intrus
comme l'erreur d'une vie meilleure avec force.

Vacarme pour l'énorme fracture
tellement il injurie au profit d'une amitié
confidence non banale d'émoi-châle pour ce chacal
ne valant rien d'amabilité vendue à perte
conviviale envers la grande solitude d'un jour véritable
immensément respirant quand la réalité de son absence souhaitable
sera celle d'un souhait rêveur en nuit des lendemains
présentoirs-voilages
où son infâme présence ne sera qu'à vomir tous ces jours.

Évidentes vues affreuses lors de tranquillités
d'instants minimes quant au profit d'une amitié venimeuse
voix risible, idiotie fatigante, énervante, désobligeante
résonance non souhaitable parmi le silence resplendissant
de ce petit mot injurieux
en puissance fit de son importance qu'il s'en crût supérieur.

Mais trop de ses manipulations amicalement scandaleuses
habitude d'amis choisis autoritairement comme un dictateur banal
dans la très haute raison juste de sa clémence
à paraître en sa convenance reniant ainsi son insolence
magistralement profitable d'une amitié vendable.

Promesses d'amours

Promesses d'amours émises vers trop d'amants
qu'ils m'ont été juges de tes délires sur mes émois
soirs quand ton corps n'est ivresse le long des rêves
amants coupables, miséreux passés
où je ne fais que tramer sur de sottes raisons
tramées et ennuyeuses pour des envies-désespérances de mises.

À mort qui de moi aux promesses d'amours miennes
vers tes silences en mal certain des faims amoureuses
par inadvertance lorsque tu m'en rends jouissance
sur les lendemains infidèles qu'à de charmeuses absences bruyantes
dans mes nuits venues de toi.

Sorts nus inconnus d'expirantes promesses d'amour
adressées à l'amant que je suis
chaque symphonie mélancolique exilée sous les blessures
vie trop longue, douleur indifférente
différence pour mon corps-tendresse
tant d'efforts et tes torts, aube de mon encore
ouvrage remis des mots sages
perdu quand je thème tes je t'aime édités.

L'envie passion sûr mes écritures-décibels
aux feuillages des promesses d'amours sans retenue
qui m'ont tenu au courage vibrant
enfer où les maîtresses douloureuses
souvenances de chagrins illuminés lors d'insoutenables tendresses
traîtrises, ombres de mes peines
si toi toujours, à chaque détour, à chaque jour
je suis soumis au chagrin.

Qu'en infinies convenances aimables
par mes promesses d'amours raisonnables
d'avoir espérance à tes murmures amoureux
lorsque j'en serai l'image, la libérable passion ensorcelante
plaisante dont je n'aurai connaissance
merveille en tes autres outrages d'amants si beaux
brimant avec haine mon existence-fatigue
à t'aimer encore
tous les jours.

QUE DE MOTS

Que de mots coléreux à ces vies-batailles
parmi les temps où l'impuissance amoureuse
dans l'écrit, chantante insoumission
mélodieuse attente sans espoir
voyant en ces entendues braillardes souffrances
durent l'instant d'une passion incomprise.

Apprises par tant de mots-peines
gravés sur un sentiment ignorant
des infâmes dompteuses
douloureuses rêveries
passantes en jours déteints
lorsque ces allumeuses-chagrins
n'en furent qu'amours mensongères
pour des folies accusables des tendres évasions
sur leurs encore brûlants
qui d'une douce nuit enchantée
n'en sera qu'un lendemain heureux.

Soupirants en ces adorables et incomprises sensualités
sans mots ou que de mots d'elles entendus
tant fautifs quand ces loueuses extases débaucheuses
s'en conjuguent dans une jaillissante jouissance
extravagante mélodie furieuse
en absence inscrite d'une envie inconnue.

Revue parmi tant de mots amoureux
pris envers vous
osant d'espérance en ces temps-désespérance
si longue est la patience

pour un délirant souvenir insignifiant
à mort nue éternelle d'une menteuse trop belle
trace pleurante en fuite trop longtemps d'impatience
trahi le bonheur terni qu'à telle tendresse
femme-détresse n'exigera l'audace de ses amours plaisants
au jour complaisant des beaux amants
voyageurs d'espoirs éternels.

Quelques silences amoureux

Quelques silences amoureux sans adresse osent encore l'espoir brûlant d'une simple passion féminine et sans honte. Ils en sont battus parfois lorsque l'infidèle charmeuse n'est qu'aventure pour les jeunes puceaux prétentieux et hurlants aux bonheurs des longs murmures exquis de ces soirs sordides où l'amour ne semble plus si beau, si haut.

Par quelques silences amoureux dans les rêveries passées qui, un jour de fantasme, ne ressemblent guère au plaisir lorsque gronde l'orage des soupirs vers de sensuelles extases. Posées sur les bords de ces envies scintillantes et mélodieuses, dans les trop longs sillages du reposant soupir, tellement furies par amour déçues que les mots doux révolus en semblent un destin-tristesse que délaissent les courages-penseurs.

Souvenirs, où quelques silences amoureux, brûlants étaient sans défaut à l'égard des voyageurs de belles promises aux langages si beaux et aux sentiments si purs qu'elles paraissaient dans ces nuits-solitudes, songes rêveurs sans habitudes pour d'invisibles réalités. Aux semblables injurieux, ce n'est que folie vendue lorsque le silence-amour devient mort après tant de rêveries passées dans cette vie d'hypocrisie jouisseuse.

Mâles, si mâles auprès du bonheur affichable, raisonnable, à la passion minable, les voix de quelques murmures amoureux jalousés de mots silencieux traversent l'interminable soupir, voleur des instants magnifiques. Elles colorient les beaux sentiments en soie, ceux qui restent en soi, blottis contre soi, lorsque les tragédies silencieuses encrées dans le cœur jusqu'au grand départ semblent promises et entendues. Quand l'espoir de ces femmes à l'âge grandissant se termine en vibrante vieillesse, il laisse à jamais dans l'oubli infernal l'odeur de quelques silences amoureux qui planaient encore dans le vide.

Rendu au désespoir

Rendu au désespoir d'une vie privée d'horizon, en ce trop long chemin du temps infini, devenu fou des heures sans lueurs de joie lorsque tant de peines et d'appels au secours résonnent encore aujourd'hui dans l'ombre amoureuse, je ne suis point présent en ces cœurs naufragés sur l'île d'envie de femmes trop belles, invisibles et silencieuses.

La faute en est au souvenir brûlant des hommes trop beaux parfois quand leurs plaisirs infidèles sont cause de folies jouissantes. Ils sont seuls pour quelques heures seulement, dans l'espérance rendue à l'absence des larmes brillantes qui coulent dans les yeux de ces femmes, déesses-tendresses lorsque parfois elles jouent de ces passions-ficelles.

Bouts à bouts, ce sont de petits bouts de vie tels des délires penseurs d'autres joies futures dans d'autres nuits charmeuses, promises par l'indifférence du cours des espoirs sans adresses. Songeurs qu'une vie de bonheur et de sentiments amoureux perdus ombrera sûrement un jour. Et toujours ce doux hurlement indécent d'un soir-orage qui ne se voit guère dans ces rages solitaires que l'amour a trop souhaitées.

L'écrit d'espoir se rend au désespoir quand certain lendemain laisse un goût de mélancolie au moment où se taisent les bruits atroces d'un rêve indésirable. En ces matins pluvieux de jours d'innocence fatale, l'émoi des âmes-solitudes, brèves, si brèves en leurs rêveries, note des ressemblances amoureuses et voluptueuses lors d'écritures-chagrins. Dans ces matins habituels, les solitudes sombrent en désespoirs de ces trop belles femmes causes de tant de déconvenues.

De grandioses tristesses sans adresse me menacent de devenir fou par les fautes de cette vie-connerie. Elle garde tout un sentiment mensonger pour ne pas sombrer dans les folies d'amours perdus où tant de bonheurs échoués aujourd'hui se rassemblent sur ces îles désertiques, pluvieuses et orageuses. L'ombre des fantasmes file le long d'une rêverie frileuse, glaciale d'hiver-solitude quand ces femmes en deviennent les images d'amours inaccessibles en ces années passées.

Aux creux des torrents, aux creux des immensités injurieuses qui souvent livrent leurs silences d'une vie-tristesse solitaire où ces femmes sont finalement trop belles, ces nuits emplies de rêveries-extases se mutent en désespoirs de matins où rien, jamais rien ne se fait sentir.

RÊVES D'AMOURS

Rêves d'amours qui courent tout au long d'une vie passée sans atteindre l'espoir ensoleillé des mots si beaux, si hauts vers d'autres aventures charnelles. Studieux et féminin, le futur à l'instant amoureux crève loin, trop loin vers l'infidèle sentiment d'un amour injurieux en ces souvenirs de femmes, de drames et de larmes connus l'espace d'un moment.

Tout le long de ces rêves d'amours inutiles, vouloir fuir vers l'horizon heureux d'autres espérances en ces si belles et oublier la lâche tristesse qui, trop vite, s'effrite sous les passions furieuses des jouissances, s'en délie pour d'autres délits en grand soupir voyeur en ces matins chagrins.

Au prix de rêves d'amours, l'infinie folie d'ivresse sensuelle s'en va dire, dans le silence orageux destiné à la rage des peines venues de tant de haines, qu'il faut croire en cette fin où la liberté sauveuse assure qu'il n'est pas trop tard dans ce présent absurde.

Présent houleux parfois, même dans ces raisons infernales du temps passé, blessant, soufflant vers les sagesses d'âge mûr, sûres des rêves amoureux de jeunesse qu'on ne peut retenir le long des avenirs fuyants, tellement fuyants devant les années qui défilent à toute vitesse et font devenir vieillesses en ces lendemains toujours pareils d'habitudes courantes vers l'inaccessible passion féminine infâme de sensualité et imprenable.

Présent certain d'en paraître réel aux injures violentes, aux tristesses dues aux trop belles diablesses sans autres passions que celle des parures d'or ou d'argent. En leurs plaisirs pauvres et pourtant désirables, misérables sensualités rêveuses, jouissage lors des fouillages pensifs, rien ne vaut ce que subissent les cœurs orphelins dans la nuit belle, paisible et sans autre bruit que ce murmure-sillage. Sous l'impossible encore fort, les mots d'un amoureux espèrent être, une nuit, dans les grandes illusions fantasmagoriques des silences sauvages près des corps de ces femmes trop souvent présentes dans ses si longs rêves d'amours au goût de chagrins une vie durant.

SERMENT AMOUREUX

Serment amoureux aux années comptoirs
des toujours sordides, enfers ombreux, jurés
n'en ressent guère d'intérêts
pour les sourdes envies
les drames mouillés
d'où jaillissent des mots heureux
en passés de larmes qui ne sont qu'arme cruelle
d'une longue absence apprise d'un sentiment-charme
souvenir.

Encore trop effroi dans le serment amoureux
si la vie-émoi véritable, blessure sûre d'une aventure-folie
éclat aux passions éternelles d'infâmes espoirs
coupables miséreux sont ces regards brillants
vers un lointain fantasme à sensualité conquise.

Les dramatiques souvenances rêveuses
justes de serment amoureux
sens interdits vers les chagrins sensuels
compris dès que les vacarmes joueurs
d'un lendemain si épuisant, constamment pareil
portent toutes les douloureuses images-tendresses
de belles qui usent les écrits sages.

Inspiré d'un voyage plaisant
le serment amoureux connus d'enfants insouciants
mal appris aux bouches emplies d'injures indomptables
ivresse-absence à tort détenue
par tous les pleurs venus quand l'audacieuse mélancolie
vicieuse, venimeuse envahit les cœurs-abandons.

Rêveurs malheureux le temps d'un serment amoureux
d'autres heureux vivent chanceux en causes fautives
vers ces trop belles fugitives nuits-audaces
sur l'inventaire des âges outragés
parmi les voyages d'elles, acceptables, accusables
qu'en ces amants-otages à jamais de leurs corps
en injures pour un moment
parjurent avec elles les ombrages-tendresses
mal appris, mal acquis
toujours vers le véritable amour sage.

SLAMS AUX ISLAMISTES MEURTRIS

La vie d'envie à l'amour fort
par ces voyeurs-voleurs, assassins de Dieu qui est grand
enfer au bord chahuteur, d'innocents froissant l'existence
commise en pleurs aux jours de décors morts
sur l'insoutenable tempo d'un prêcheur armé
faux croyant, honteux, mal parlant des âmes sans défense.

Qu'ils mordent la vie à l'amour d'un âge
d'une croyance arriérée
parmi toutes les mélodies ténébreuses
de ces menteurs hurlants
mis à mal, ombrageux furieux
en pleurage véritable, sacrifiant facile, fragile
grondant vers l'arme de l'impuissance
venue d'hommes impuissants
pour tant d'outrages meurtriers
de barbares insolents et insolvables.

La vie d'une mort virtuose de ces fous dérangeants
ivres de Satan dans les lignes du Coran
amour, liberté-bonheur sans mensonge
prônant une haine insolente aux cœurs libres
pensées-vagabondage aux lâchetés commises
par ces vauriens mal appris de libertés respirables
bonheurs contre toutes les frayeurs facturables
les vies d'angoisses et d'impasses parfaites
dont ces faux prophètes en parlages se saoulent
qui font d'une prière justice véritable
une fausseté braillarde dans leurs visions dictatoriales.

Si de vie juste vers ces injustes moins que rien
moins que Dieu amour et vie des raisons justices
des passions ivres et libres
loin très loin d'accusant écrits menteurs et angoissants
entendus de ces accusateurs-tueurs
le temps au temps raisonnable et respectable
ou grands minables d'une religion fausse.

En larmes de sang versant sous une idéologie scandaleuse
d'animaux sauvages comme des proies sans défense
quand ils vouent une mort condamnable
sur les lignes du Coran où se font mots haines et chaînes
qu'ils en déchaînent sur la douce vie tranquille des êtres paisibles.

Temps à l'amour

Temps à l'amour d'ensoleillement-bonheur aux envies-jouissances permises, vers les extases charmeuses de ces espérances-femmes si belles, d'un jour insolent elles passent un doux instant, caressant, qu'une chance furieuse toute de doutes lassants n'en sera jamais loin.

Pour sourire d'un temps à l'amour, brillant souvenir heureux lorsque les âmes malheureuses priment ces contraires pleurants, fatiguent alors de haines bruyances, vacarmes tempétueux qui s'emmêlent d'injures-ivresses au jour des femmes fugueuses qui volent ce souvenir heureux de tellement de feux.

Dieux à temps d'amour insoumis, silences qu'aux années malchanceuses vire l'attente-espoir parmi trop d'histoires sensuelles, ils admettent les insolences devant les passions orageuses et les écritures orphelines hurlantes en une absence tellement dite.

Qu'il n'en peut de ces temps à l'amour perdus dans chaque passion quand, sur ces soirs convenus, détenus par ces beautés imagées, ce ne sont que décibels-tendresses, catins des lendemains chagrins, invisibles causes mourantes dans les rêveries enchanteresses, promesses sans adresses devenues.

Prières à temps amoureux si douteux, vibrant dans les tristesses éternelles, silencieuses sagesses, baisages otages d'une offense bruyante, lorsqu'à la haine amoureuse et usante s'envole l'espoir chahuteur des féminines heures symphoniques et des longues mélancolies inavouables qu'un temps à l'amour, près de leurs visages, ne sera qu'orage grondant toute une vie.

Tendre promise

Votre corps, tendre promise, n'est que plaisir à ma faim regardable
lorsque la nuit pensable m'en dit par vos rêves d'amours absents
en toutes habitudes aux portes de mes sommeils-fantasmes
où vous en êtes mienne, muse dans un lit d'infortune
passager au matin venu vers le sage plaisir
d'avoir accompli tant d'outrages offensants.

Sur vos souvenirs incessants, tendre promise
encore de mes folies du jour épuisable
quand m'envoie l'insolence brutale d'une hurlante indécence
émise dans la douleur grandissante de mes longues attentes
rêvages-temps reposant aux pieds de votre beauté imprenable.

De torrents de drames-larmes
j'en suis ivre-sot parmi vos charmants amants
proclamant de vos silences bruyants la tendre promise
soyez mise entre ma prise espérance
en mes toujours jouissants, voleurs et voyeurs
moi qui fus l'aimant crevard courageux
parmi les envies aux traces amoureuses
qui parfois m'envoûtent de votre charme
doute sensuel, murmure ravisseur connu.

D'en vivre inconnu dans ce traître chahut
symphonie de peine si vous, tendre promise
vers mes envieuses passions-batailles
jour après jour d'amours sans espoir heureux
qu'en paraissant aux fiertés regardables et aimables
quand je ne suis qu'un misérable souvenir
pour vos joueuses tentations, maîtresses d'une raison menteuse

en mon amour résonnant de vos sourires infâmes
amours de vous cruelle chaque toujours
en mes hontes d'encore vous aimez pour rien
toute mienne vie a pleuré votre sensualité charmeuse
que je n'aurai jamais l'honneur d'apprivoiser
puisque belle est cette autre promise
jouissance des amants passeurs brutaux.

TON ABSENCE YANN MON AMOUR MON ENFANT

Ton absence d'amour aux silences de mes peines
Immenses de n'être que lendemains-chagrins en chaînes
Longues éternités sans tendresses, SOS qui même
De t'en prier tant de ces je t'aime qui t'aiment blême
Écrits sous mes injures par toi, extases pour moi, haine
Nuits d'encore, marquées par les manques dans ces veines
Jouissantes en mes draps froissés qui en sont ternes
Ton absence de toi me ment, à être amoureux langui
Chaque jour subissant où tu es à mon toujours remis
Vers mes espoirs d'en retrouver tes tendresses envies
Aux cieux du bonheur éternel pour t'aimer une longue vie
À te chérir, embrasser tes petites lèvres d'enfant si envies
Dans mes bras en tous ces moments perdus où je t'écris
Te hurle d'en devenir la tienne, amoureuse promise qui s'y lie
Ton absence infâme, douceur en ta voix, de mes émois
N'en conjure ma fin si vite, tellement par toi si ma voix
Prière de larmes envers Dieu non entendue sans ivre déjà
Qu'à ma mort commise j'ai attendu sa promesse des mois
Rien d'en souffrir de toi, si loin, chemin de ta présence à moi
Par injure d'avoir parjuré l'ombre de tes tendresses parfois
Aux sombres mensongères d'une longue mélancolie fut croix
Croit lorsque je ne suis qu'ombre en peine tellement loin de toi

Tourner les souvenirs

Tourner les souvenirs par ces airs et ces murmures amoureux semble une mélancolie aux hasards-ficelles d'une tentation jouvencelle quand l'amour, en peine devenue, s'est rendu aux évidences acquises pendant les années remises pour un regard-espoir.

Voleur qui tourne les souvenirs passés dans un moment rêveur, tranquille, loin de toute réalité furieuse, dangereuse, qui, au lendemain d'une femme si belle, infidèle aux cœurs orageux dans ces longs désespoirs, lance ses messages, ses SOS parmi les larmes de chaque nuit de grande solitude.

Pour la tendresse interdite d'un sentiment amoureux, brûlant jusqu'aux tournoiements des souvenirs heureux, l'instant des baisers outrageux devient possible sur le corps de cette si belle femme infidèle, aventureuse et jouissante dans une escale plaisir pour un amant tricheur et voyeur quand résonne ce silence harassant et sans passion.

Des envies chiennes qu'elle en sème entières, raisons cons d'aimer sa présence lorsqu'elle est chagrin d'indifférence durant toute sa jeunesse, pour en tourner les souvenirs à passer son existence à délirer tellement sa beauté irréelle semble en cette nouvelle nuit de rêverie où elle est promise, acquise au retour des lendemains réels, en larmes quand finalement sa beauté se montre éphémère à l'âge du commencement de la vieillesse, veilleuse sûre d'une laideur où finira sa vie.

VALÉRIE

Je t'écris mon amour ce soir d'un rêve amoureux
Au fantasmagorique d'ailleurs rien que nous deux
Où nous serions amants exilés par tout secret en feu
Menotte au cœur, pleure si toi, chaque vœu dieu
Lancé de ma voix pour ta beauté, seuil de mes yeux
Ivre, pressé d'amour envers ces toujours en toi si peu
Qu'en lendemain passant m'use l'espoir joyeux douteux
Lors des voleurs bien menteurs qui nous mettent injurieux
Des sentiments jaloux en nos élans jouissants sous les cieux
Enfers compris par leurs injures de nos tendres et chers vœux
Ô ! Valérie ma Valérie d'instants-partances loin très loin
Embellirais mes plaisirs amants incompris des putains matins
Détresses entrées, soupir par ton charme j'en subis les chagrins
Chaque toujours de tes absences confesse maîtresses des riens
Qu'une fin-délivrance m'en sera cause de ton corps à mien
Pour tort de mes tristesses-insultes par encore déteint dépeint
Juste les nuits-solitudes, habitudes d'en maudire les surlendemains
Passants sur le quadrant de ma vie à te prouver mes je t'aime vains
Fatigués de cet ailleurs merveilleux qu'avec toi si en moi d'être bien

Visages

Visages connaissant l'imparfait sentiment
aux détestables raisons des trahisons
d'en faillir l'insolence-amour
envers toutes ces vies scandaleuses
rêveries passagères et clandestines
sous d'innombrables nuits indomptables
tendresses volées
qui ne sont qu'insultes charnelles
vacarmes des mots-femmes.

Habitudes d'une solitude beauté
n'en fit l'amour qu'aux visages ruelles
cruelles espérances voyageuses vers un espoir-chagrin
chahuteur dans ces maudites absences-résonances
pour trop d'indomptables importances amoureuses
sans amants apparents de ces écritures belles.

Ravisseuses de sombres visages
abusées par les désespérantes impotences
à l'insoumis menteur mensonger
donnant les rages outrageuses
des temps où les âges des jeunesses impertinentes
jouissances usent ces détresses maîtresses
souvenances en la sérénité
d'une douce vieillesse venue.

En mort devenue pour les visages infidèles
par bel et encore trop d'un signe d'abandon
toujours en ces louages d'amourettes hasardeuses
fantasmagories qui des soirs-certitudes

habituelles tristesses, détestables
misérables passions aventureuses
de mots et larmes insensés
de trahisons rieuses, tricheuses, trompeuses
pour d'immenses peines maladives.

Inconnues les sensualités infâmes
tant d'une haineuse et longue souffrance
à visages aimants au prix d'amants sots
envers ces dompteuses amoureuses nues
telles vues brûlantes de vie menteuse.

Vous belles femmes

Vous belles femmes, aventurières des amours merveilleux, sur vos tendres rêves infinis, soyez exquises, promises de ces attentes pressantes en ces sentiments brûlants, le temps d'une folie sage de passion incessante qui ombre vos silences toutes ces nuits sordides.

La cause fautive d'amants passagers aux excuses envolées ne saurait mentir à vos sourires sur votre corps jouissant. Il en exerce ses envies le temps d'une extase où vous, belles femmes tempétueuses et charmeuses, aux inédits silences des lendemains menteurs et au fantasme vivant indécent.

Retour d'une réalité peineuse dans les nuits d'excellence, quand vous sembliez dans ces offenses sans défense, inscrivant l'insulte, la caressante brûlure des baisers à vous salir l'instant silencieux et tranquille qu'en vos encore parus il tremble si fort d'un long souvenir.

De vous, belles femmes à la maladresse d'une jeunesse assassine, lorsque votre sensualité toute de folie infâme se transforme en drame, il jure devant l'incessante demande d'avoir un simple rendez-vous amoureux, seul avec vous, loin de tout bruit voyeur, meneur, menteur, dans ces scandaleuses danses d'un refus de votre part, et souvent devant votre charme jouissant nous éprend l'envie.

Aux propositions nues de ces voyances plurielles, lorsque vous écrivez l'amour fidèle sur l'interdiction présente des plaisirs voyageurs et incertains, la voix d'un sentiment innocent se souvient que vous êtes autant de promesses sans adresses, des messages pleurants toute une vie à vous aimer constamment, vous, belles femmes, pour rien.

MARIE DE MA VIE

Marie de ma vie, solitude amoureuse, pleureuse
Que je ne sus de mes soudaines tristesses voleuses
Lorsque ton image m'en est lâche peine entraîneuse
D'une vie chienne, injure qui m'est immense injurieuse
Souvenance de ton souvenir dans mes larmes amoureuses
Incessantes ivresses par émoi coupable des tendres menteuses
D'oublier à jamais ton amitié qui m'en foudroie la loueuse joyeuse
Fin d'en être
faim en toi toute ma tendresse éternelle, voix peureuse
Sans d'années à t'appartenir
juste pour une si tendre nuit fugueuse

Marie de ma vie
avide ta passion
m'en serait-elle maîtresse coupable ?
Telle de ma souffrance
d'avoir trop osé ta bruyante beauté respectable
Dans mes ivres sommeils, comptoirs d'amours
d'amants si misérables
Fou d'en passer mes nuits en larmes
sur ton doux souvenir insupportable
Dont j'en accuserai mon existence
sans te revoir un instant raisonnable
Sur les tempos d'accords
d'encore où tu me seras amoureuse admirable
Qu'être de mes écrits-mélancolies
en mes tristes passions déraisonnables
Lorsque je pense à tes tendresses
qui m'en seront longtemps indomptables

Marie de ma vie
sache que le thème de mes je t'aime
envers ton image amour défendu
N'est de mes mots-chahut
pour n'être sage face à notre belle existence déconvenue
D'orages-larmes par mon cœur innocent
lorsque tu m'es rêverie à grand corps perdu
Sous mes pensées d'émois-amours
si toujours par d'en savoir les bestiales convenues
Qu'en de t'en dire j'envie de te revoir
fortement plus vite d'une de tes envies inconnues
Ajours courants, comptants sur mes pleurs de toi
ma toute scintillante rue où j'ai su
L'amour, l'amitié de mes fautes
à tes ignorances cruelles qui me rendaient si inconnue
En ton regard-bonheur sur mes manques de toi
où toujours j'attendrai ta douce venue
Même si ce n'est qu'à ma mort connue
tu en seras toujours ma grande impatience nue